CAIO ZIP

O VIAJANTE DO TEMPO

CAIO ZIP

O VIAJANTE DO TEMPO

RAMSÉS II E A BATALHA DE KADESH

REGINA GONÇALVES

2ª Edição

VIAJANTE DO TEMPO EDITORA

Rio de Janeiro
2017

Projeto da capa e miolo: Rafael Nobre e Vanessa Rosa

Desenhos: Diana G. A. Rosa e Vanessa G. A. Rosa

Revisão e diagramação: Regis L. A. Rosa

As fotos nas páginas finais são de domínio público.

2ª edição – 2017 – 2ª reimpressão

editoraviajantedotempo@gmail.com www.viajantedotempo.com

CIP-BRASIL. CATALOGAÇÃO-NA-FONTE

SINDICATO NACIONAL DOS EDITORES DE LIVROS, RJ

G629r

Gonçalves, Regina, 1963-

Ramsés II e a Batalha de Kadesh / Regina Gonçalves.

2.ed. - Rio de Janeiro : Viajante do Tempo, 2017.

120 p. : il. ; 23 cm. (Caio Zip, o viajante do tempo)

Apêndice

ISBN 978-85-63382-64-1

1. Ramsés II, Rei do Egito - Ficção. 2. Ficção histórica brasileira. I. Título. II. Série.

17-43939. CDD: 869.93

CDU: 821.134.3(81)-3

SÉRIE DE LIVROS
CAIO ZIP, O VIAJANTE DO TEMPO

O jovem Caio Zip é capturado por uma máquina do tempo que o leva a lugares inesperados em momentos decisivos da História mundial.

ESTA SÉRIE BRASILEIRA FOI PUBLICADA POR GRANDES EDITORAS NA CHINA E NA COREIA DO SUL.

CAIO ZIP, O VIAJANTE DO TEMPO

Cada livro da série será seu passaporte para que você faça uma grande viagem no tempo. Sem malas, sem documentos e com Caio Zip, você vai viver em épocas incríveis que vão desde o Antigo Egito, passando por momentos históricos decisivos com Tutancâmon, Ramsés II, Alexandre - o Grande, Aníbal de Cartago, Arquimedes, Marco Polo, Napoleão, os artistas impressionistas, D. Pedro II, Santos Dumont, Einstein, Picasso, Agatha Christie, Chaplin e mais, muito mais.

Caio Zip terá de encarar enigmas que desafiarão a sua mente. Muitas batalhas para lutar e conquistar grandes conhecimentos... Se sobreviver! Mas para sair das encrencas tem de usar o seu maior poder, que mesmo sem perceber ele usa muito bem: o poder da dedução!

Finalmente, você vai ver História, Arte, Filosofia e Ciência combinadas e integradas de uma forma nunca vista. A proposta da série é divertir, educar e atiçar a curiosidade de outro viajante do tempo: o leitor!

CAIO ZIP é um jovem, como tantos outros, que gosta de computador, jogos, séries, futebol e a sua maior paixão: o skate.

Sentindo-se sufocado com os pais cobrando o tempo todo uma melhor nota na escola, Caio foi rondar sem rumo pela internet. De repente, ouviu um *bip*. Era um *e-mail*, vindo sabe-se lá de onde. Caio abriu e leu:

Bem-vindo, caro amigo curioso.

Quem resolver este enigma salvará o ser vivo que mais precisa de ajuda para não ser extinto.

Enigma dos tempos:

De manhã sou inocente
De tarde sou caçador
No outro dia...
Abandono
Tudo e a todos a minha volta.
Quem sou eu?

Resolva o enigma o mais rápido possível!

Caio ficou olhando, olhando, pensando... E, por fim, digitou a resposta e... Zás, sumiu, tragado por uma espécie de túnel do tempo, levado em uma missão involuntária a civilizações do passado, presente, futuro e dimensões paralelas.

Assim começa a série de livros de ficção histórica Caio Zip – o Viajante do Tempo, dedicada a jovens e adultos. São histórias de mistério e suspense que combinam e integram diversos campos do saber, tais como história mundial, arte, filosofia, ciências e muito mais. A proposta da série é divertir, educar e atiçar a curiosidade de outro viajante do tempo: o leitor!

Caio Zip participa de descobertas e de momentos decisivos da História Mundial. A cada aventura vai amadurecendo e aprendendo que, para sair das encrencas, tem de usar o seu maior poder, que mesmo sem perceber ele usa muito bem: o poder da dedução!

Pelo portal do tempo, Caio Zip avança a seu destino.

Próxima aventura:

RAMSÉS II E A BATALHA DE KADESH

SUMÁRIO

Capítulo 1

O melhor e o menor caminho para o conhecimento da verdade é a natureza.

Antigo Provérbio Egípcio

O sol obrigou Caio Zip a abrir e fechar as pálpebras até que aos poucos seus olhos foram se acostumando. Os seus sentidos voltaram à tona e ele pode encarar o novo lugar, o novo tempo no qual a máquina do tempo o abandonou. O teto alto, acima do leito em que se encontrava deitado, esboçava sombras distorcidas e trêmulas. Uma suave brisa o fez voltar-se para uma área aberta onde finas cortinas brancas flutuavam, deixando transparecer a lua prateada. Um cheiro de incenso adocicado deixava o ambiente mais acolhedor. Ao olhar ao redor, percebeu melhor que se encontrava em um aposento de paredes claras e coloridas, iluminado por diversas velas. Pinturas estranhas decoravam o ambiente luxuoso. Pareciam com as que tinha visto em livros sobre o antigo Egito. Seus olhos foram retirando o véu do despertar e o deixaram conscientizar-se da presença de um grupo de pessoas usando túnicas claras e ornadas com enfeites coloridos. Os homens e mulheres eram todos estranhos para o recém-acordado, mas o que o deixava mais desconfortável era a expressão de apreensão que envolvia a atmosfera.

Entre aqueles seres curiosos ali em pé a sua frente, destacou-se um homem alto e de pele mais clara que os demais. Ele exibia cabeça raspada, uma rosto comprido, nariz adunco e olhos negros e penetrantes como os de um falcão. Usava vestimentas muito imponentes e, na cabeça, trazia uma coroa branca e vermelha com os emblemas de uma serpente e de um abutre. O nobre desconhecido caminhou na direção do leito de madeira e, a cada passo seu, os outros o reverenciavam. Com uma leve simpatia, ele quebrou o silêncio.

– Finalmente acordou, meu mensageiro divino!

– Divino? – reagiu Caio.

– Espero que o acidente que sofreu não tenha afetado a cabeça.

– Que acidente? Afinal, onde estou?

– Ah! Está em casa! Esperávamos por você há muito tempo. Sobre o acidente, acho que precisa melhorar suas descidas. Não é conveniente pousar em cima da pirâmide.

– Pirâmide?

O homem levantou sua mão mostrando um sinete, algo semelhante a um carimbo, e se apresentou:

– Sou Ramsés II[1], filho da luz, filho de Rá[2], o deus Sol, soberano do alto e baixo Egito. E você é o mensageiro de Rá. Veio aqui para me ajudar no projeto do templo para o nosso Pai e, para isso, devemos introduzi-lo no conhecimento milenar dos egípcios. Fui avisado em sonho da sua chegada e deverei, ao final de sua missão, revelar o segredo do nosso maior tesouro.

Completamente atordoado, Caio preferiu não desmentir o soberano, esperando ganhar tempo para entender tudo aquilo.

– Como devemos chamá-lo?

– Meu nome é Caio Zip.

– Um nome estranho para um mensageiro divino, mas os deuses devem saber o que fazem.

O faraó sorria e ao mesmo tempo seu olhar investigava aquelas roupas tão estranhas que o mensageiro trajava. Logo em seguida,

Ramsés ordenou que trouxessem comida para o convidado. Várias mulheres apareceram carregando cestas de frutas, tais como: tâmaras, romãs, figos e uvas. Diversos tipos de carnes, peixes, legumes e verduras também foram servidos, assim como bebidas à base de cevada e de uvas. Um verdadeiro banquete.

Enquanto Caio comia, o faraó ordenou a todos que se retirassem. Aproximou-se da janela e ficou admirando a noite, que cobria o deserto como um véu que esconde seus mistérios. Passado um tempo contemplando o céu estrelado, o soberano refletiu em voz alta:

– Com as estrelas temos os pontos... Com apenas dois pontos fazemos uma reta para medir a distância para qualquer lugar. Com um ponto e uma reta tenho o plano, uma superfície sem fronteiras, sem fim. Infinito como os sonhos, infinito como as conquistas do homem – o soberano voltou-se para o garoto e discursou. – Meu filho! Nossa jornada está apenas começando. Teremos muito a fazer nos amanhãs que estão por vir. Descanse agora, para depois despertar para as novas descobertas.

O faraó se retirou do recinto e Caio, ainda se sentindo sem forças, adormeceu.

Os sonhos trouxeram as lembranças da sua época, a saudade do lar. Numa cena, via a mãe entrando no quarto dele, onde ele estava sentado diante do computador. Com um largo sorriso, ela ofereceu uma torta inteira de chocolate. Caio se fartou com a guloseima, enquanto a mãe conversava feliz com o pai na entrada do quarto. Os dois estavam num ótimo astral como há muito tempo Caio não via. Um doce beijo selava aquela união. O pai soltou suavemente a mãe de seus braços e foi até o filho. Com um sorriso deu um estalo com os dedos e num passe surgiu uma caixa. Ele entregou-a ao filho que rapidamente abriu o presente. Caio não podia acreditar ao ver que era a última versão do game que ele tanto gostava de jogar com os amigos. De repente, um vento forte fez as folhas voarem de cima da mesa. Era frio o suficiente para fazer a espinha arrepiar e a mente suspeitar que uma tempestade estava por vir. As sombras invadiram o quarto e uma energia carregada de rajadas de luzes intensas mudou o ambiente. Os pais, como que alterados por aquela energia negativa, começaram a discutir. A tempestade trouxe mais medo e raiva, refletidas nas falas dos pais antes tão apaixonados. A ira tomou de vez aquele casal que se levantou como se fosse uma só força contra o filho. Caio estava assustado com aquelas frases que mais pareciam tiros de uma arma. "Olha só essa nota baixa de matemática!" "Vai ficar de castigo!" "Não tem mais celular e nem saída com amigos" "Vai ficar no quarto até melhorar as notas!". Aquelas falas dos pais soavam como trovoadas intermináveis. No meio daquela cena de terror, um grande falcão surgiu vindo do teto e pousou no ombro de Caio. Os olhos vorazes da ave o encaravam e ela num golpe bicou o rosto de Caio.

– Pare!

– Você está bem, mensageiro? – Caio esfregou os olhos e virou-se para a direção de onde vinha a bela voz. Era uma jovem sentada na cama. Trajava um vestido longo com a estampa de um leopardo e com um delicado cinto dourado. Nos cabelos havia uma linda flor com sete pétalas que exalava um perfume embriagador.

– Nossa! Tive um sonho muito estranho – resmungou Caio. – Meus pais estavam tão irritados. E aquele falcão...

– Aceita um pouco de água ou deseja umas frutas?

– Sim, o que você quiser – respondeu Caio com a fisionomia mais encantada que poderia ter.

– Acho melhor um copo de água. – a jovem esboçava um sorriso, enquanto pegava um vaso de alabastro com detalhes de um falcão. A pele morena coberta por óleo brilhava com a luz de algumas lamparinas acesas.

– Quem é você?

– Eu sou Seshat – a jovem entregou o copo e Caio por pouco não o deixou cair no chão.

– Eu sou Caio Zip. Você é uma princesa?

– Claro que não! – Seshat parecia ofendida e depois do desconforto ela voltou a falar de forma suave. – Sou a que escreve para o faraó. Sou encarregada dos livros da Casa da Vida.

– Uma bibliotecária! – Caio sentou-se ao lado da jovem. Eu adoro livros, principalmente se forem de ação.

– Que bom. Eu vim para ajudá-lo com as novas descobertas.

– Que ótimo e o que vamos fazer então?

– Ainda é noite, mas se você não estiver com sono...

– A última coisa que quero agora é dormir.

– Realmente, você parece que está bem animado. O que acha de passearmos pelo palácio?

– Demais! – Caio levantou-se num pulo da cama, assustando a jovem. – Poxa, foi mal. – A jovem ergueu a mão e, como verdadeiro cavaleiro, Caio, a ajudou a se levantar.

Antes de saírem do quarto, Caio pegou uma das lamparinas e procurou um recanto onde pudesse se refrescar. O reflexo da luz sobre um disco de cobre pendurado na parede o atraiu. A imagem no metal bem polido exibia o rosto dele abatido com os olhos castanhos um pouco avermelhados. Caio aproveitou uma tigela de água disposta na mesa ao lado para se refrescar. Seus cabelos castanhos escuros que passaram o dia todo desgrenhados agora estavam molhados e finalmente arrumados. Abriu a porta e estendeu a mão para a jovem que retribuiu com um sorriso. Ao passear pelos longos corredores, ficou impressionado. As paredes eram iluminadas pelas lamparinas, que acentuavam os tons vermelho, azul e dourado das pinturas. Elas eram decoradas com lindíssimos mosaicos de cerâmica, relacionados com as campanhas do faraó ou as caçadas reais. Também merecia destaque umas pequenas placas coloridas, nas quais eram representadas figuras de Núbios, Sírios e Líbios, prisioneiros de batalhas.

As colunas e alguns outros elementos em pedra também eram pintados com imagens de deuses que Seshat apresentava a Caio. Eram imagens dos considerados principais deuses do Egito: Osíris, filho mais velho do casal Geb e Nut e que reinou sobre a Terra como o primeiro faraó do Egito, e Ísis, irmã-esposa de Osíris, protetora e piedosa que possuía poderes mágicos para curar as doenças dos homens e expulsar os espíritos malignos. Seshat explicou que Osíris foi assassinado por seu irmão, o deus Seth. A partir daí, Osíris virou o deus supremo e o juiz do mundo dos mortos. Havia uma lenda de que o rio Nilo, que cortava o Egito, nascera das lágrimas que a deusa Ísis derramou quando Osíris morreu.

Outra imagem chamou a atenção de Caio. Era a de um deus com a cabeça de um falcão e corpo de homem. Aqueles olhos de rapina faziam Caio se lembrar do falcão do sonho. Seshat contou que aquele era Hórus, deus dos céus, filho de Ísis e Osíris, que derrotou Seth. Ele era o símbolo da realeza divina e protetor do faraó reinante.

Como as paredes, os móveis e os objetos eram ornamentados por desenhos coloridos ricos em detalhes, que revelavam como era o dia a dia, a cultura e as crenças dos homens e das mulheres daquele lugar, daquele tempo.

Pela janela podia-se ver a fachada do palácio iluminado por diversas tochas e protegidas por vários guardas. Em um pátio, havia um jardim com lago no centro, e do outro lado havia um templo e um prédio onde eram guardados os livros.

Capítulo 2

Conhecimento não é necessariamente sabedoria.

Antigo Provérbio Egípcio

No dia seguinte, depois de uma noite excitante, Caio achou melhor acreditar na sorte e ver o que o destino lhe reservara.

Ramsés surgiu com a cabeça raspada à mostra, trajando um peitoril ornado de pedras azuis e amarelas, uma túnica de linho amarrada na cintura com um cinto e uma sandália dourada. Ele e a comitiva levaram o jovem visitante para um lugar no deserto. Chegando lá, Caio viu que já havia o movimento de milhares de operários, algo em torno de 20 mil, que estavam ajudando na construção de uma obra imensa.

Aqueles homens não eram escravos. Uma parte era formada por operários permanentes e a outra por agricultores. Nessa época do ano chamada de akhet, o rio Nilo, fonte de vida e de riquezas, impedia o trabalho nos campos. Era a estação da cheia. Suas águas subiam e, cobrindo as terras como dádiva, despejavam uma espécie de lama rica para o cultivo, o húmus.

O soberano do Egito desceu da sua biga puxada por dois cavalos brancos, contemplou a região e depois ficou a observar minuciosamente o movimento de alguns trabalhadores que arrastavam imensos blocos de pedras. Utilizavam toras de madeiras para deslizar o pesado fardo pelas areias e eram auxiliados pela tração de vários bois. Mais e mais das imensas matérias primas, como grandes blocos de pedra, eram descarregadas de barcos que as haviam trazido de longas distâncias rio acima.

– Nossa! – Caio ficou admirado ao ver alguns trabalhadores alinhando as pedras e para isso usavam apenas um esquadro com um prumo pendurado por uma corda. – Mas como vocês conseguem fazer tudo isso com tamanha perfeição usando instrumentos tão simples?

– Nós, os egípcios, somos os pais do estudo das áreas planas. – explicou o faraó. – Usamos esse conhecimento para construir essas grandes obras com a perfeição que nossos deuses exigem e, também, para calcular a extensão das terras. Com isso, podemos cobrar com exatidão os impostos dos agricultores. Sabemos que construções como essa exigem, pelo menos, quinze anos de dedicação, mas nossa recompensa é saber que dessa maneira nossos deuses serão louvados por nosso povo e temidos pelos nossos inimigos.

Um homem negro, cabeça raspada, alto, forte e de meia-idade, estava a dar ordens a um grupo de trabalhadores. Ao avistar a comitiva foi ao seu encontro. Após uma breve saudação ao rei, fixou-se frente a Caio.

– Este é Saary[3] – apresentou Ramsés. – Ele é o arquiteto encarregado deste meu novo e maravilhoso monumento.

– Seja bem-vindo, mensageiro – cumprimentou o homem com um sorriso. – Espero poder ajudá-lo como auxiliei nos estudos de nosso grande faraó.

– Você foi professor de Ramsés?

– Professor? – estranhou o homem.

– Foi você quem ensinou Ramsés?

– Eu fui o preceptor de Ramsés – confirmou, acenando a cabeça.

– Mas que estranho. Eu não imaginava que um faraó precisasse estudar.

– Como não, divino mensageiro? – disse o monarca, esboçando uma leve tensão.

– Mas um faraó já não nasce ganhando todo o poder?

– Um grande homem deve estudar muito para saber usar o poder e, além do mais, não basta ser filho de faraó para ter direito ao reino. É necessário passar por várias provas de conhecimentos, como o estudo dos astros, dos rituais secretos, da leitura de textos e tratados de matemática e geometria. Também é obrigatório passar num teste de coragem. No meu caso, meu pai passou-me uma prova que consistia na luta contra um touro usando somente as mãos e a inteligência. Graças aos estudos de Saary e a proteção de Rá eu fui muito bem sucedido. – o soberano mostrou um rabo de touro amarrado em seu cinto.

– Demais! Que idade você tinha quando lutou?

– Eu estava para completar 14 anos. Meu pai, Seti[4], além de me fazer passar por todas essas provas quando jovem, levava-me para as batalhas na Líbia como comandante-chefe. Dessa forma, ele preparou o seu futuro sucessor com coragem, força de vontade e sabedoria para governar todo o nosso império.

Enquanto conversavam, o senhor de todo o Egito voltou-se para as areias e percebeu a silhueta de um homem vindo em sua direção.

– É o grego, nosso amigo! – reconheceu Saary.

– Mas quem é ele? – indagou Caio.

– É o sábio Heráclito[5] – esclareceu o soberano. – Ele vem de muito longe para estudar as nossas obras. Gosta de ver como fazemos cálculos tão precisos na construção de nossos templos e analisa também as obras colossais de nossos antepassados. Só não lhe revelamos nossas armadilhas contra os ladrões de túmulos e nossos inimigos. Nossas atuais obras, os templos, assim como os túmulos no Vale dos Reis possuem grandes segredos.

– Vale dos Reis?

– O local onde estão sepultados os corpos de nossos faraós e suas riquezas, para que possam fazer a grande viagem de barco, guiados pela luz do Deus Rá.

Caio ficou a reparar no visitante que usava uma túnica simples e sandálias de couro. Carregava uma bolsa de água e grandes rolos de pergaminhos amarrados em tiras de couro. Finalmente, ele chegou até o grupo.

– Salvem, amigos!

– Como vai, Heráclito? – saudou Ramsés.

– Pronto para os conhecimentos que estão por vir, majestade. Mas quem é esse rapaz? – o grego olhou para Caio como que tentando descobrir pelas suas vestimentas de onde poderia ter vindo.

– Este é o nosso divino mensageiro do deus Rá. Veio para aprender com as nossas obras e depois ajudar na construção do Templo.

Heráclito ficou visivelmente impressionado com o rapaz e, principalmente, com aqueles trajes tão peculiares.

– O tempo é um jovem jogando damas, o poder supremo é o de um jovem[6] – filosofou o grego entusiasmado. – Sinto-me honrado com sua nobre presença, divino rapaz. Estou a seu serviço, mensageiro de Rá. Ficarei agraciado em lhe ser útil e ajudá-lo em sua grande missão.

– Ah, não! Não precisa me chamar assim. Sou Caio Zip, mas pode me chamar só de Caio.

– Muito bem, Cairo.

– É Caio! – corrigiu o rapaz.

– Como queira, Caio – o filósofo deu um leve sorriso. Em seguida, tirou algo da bolsa e mostrou aos outros. – Hoje trouxe para vocês os pergaminhos com os meus versos e principalmente com os meus cálculos sobre...

– Seus! – gritou zangado o arquiteto. – Como ousa? Nós estamos aqui há tanto tempo, construindo nossas divinas obras, e você, só porque gosta de expressar tudo no seu pergaminho, se acha senhor do nosso conhecimento milenar?

– Ora! Claro que não, sábio Saary. Só estou tentando registrar tudo. Sua escrita é deveras complicada, sabia?

– E vocês, gregos, vão ficar com a glória?

– O que é isso! Nós ainda nem somos um povo unido, estamos ainda à procura de terras para podermos começar a nossa civilização. Uma das razões de eu estar aqui é exatamente para aprender e depois ensinar ao meu povo e também aos filhos do amanhã como uma grande nação é feita, deixando registrado, por exemplo, como foi realizada a construção daquele pãozinho.

– Pare! – gritou o arquiteto, já enfurecido com o sábio. – Sabe que não suporto como vocês, gregos, denominam as obras colossais feitas pelos antigos faraós e que, graças aos malditos ladrões, deixamos de construir.

– Ora, meu amigo... O nome representa muito bem essa construção. Afinal, isso não parece um pãozinho aquecido no sol?

– Não! Já havíamos combinado que a chamaríamos, em grego, de pirâmide, que significa centro do fogo, pois tudo que passa por esse elemento se transforma, se renova.

– Está bem! – concordou Heráclito com ar de brincalhão e continuou. – E os monumentos finos e altos que mais parecem uns espetos?

– São obeliscos! – berrou furioso Saary. – São os consagrados ao sol. Acho que uma das razões de você estar aqui é para ter alguém com quem brigar, não é, grego?

– Pode me chamar de sábio Heráclito? Fica bem melhor. – o sábio egípcio enfureceu-se como uma tempestade de areia no deserto que surge sem aviso. Sua voz ficou alterada.

– Seu grego de uma... Quer arranjar confusão? Quer?

Nesse momento, Ramsés interrompeu a discussão:

– Ordeno que parem! Os grandes líderes das guerras sabem quando devem desistir de uma batalha, mas parece que esses sábios aqui não têm essa capacidade, não é, meus amigos?

Terminada a discussão, o arquiteto mostrou um projeto, explicando a Caio as etapas de como era calculada a medida da superfície onde fora construída uma pirâmide séculos atrás.

– Vou fazer um modelo pequeno da obra colossal para mostrar como fazíamos essa construção de forma tão precisa.

Capítulo 3

Conhecer significa gravar na memória de alguém; mas entender significa misturar-se com a coisa e assimilá-la.

Antigo Provérbio Egípcio

O arquiteto ordenou a alguns operários que posicionassem pequenas pedras longas, uma ao lado da outra, até que formassem um retângulo, com um lado possuindo 5 pedras e o outro, 8 pedras.

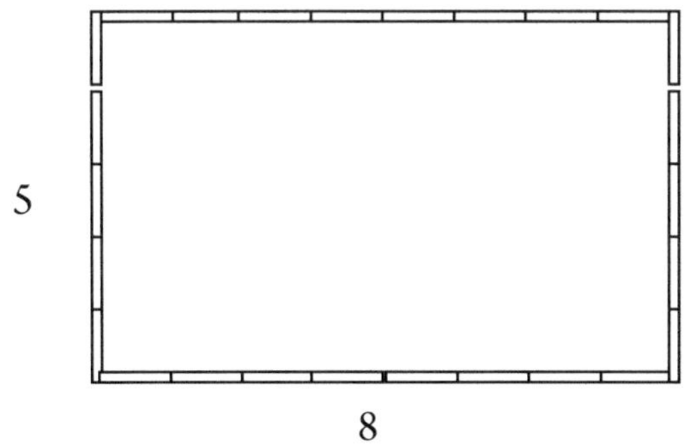

Depois, ordenou que o retângulo fosse preenchido com blocos em forma de quadrados com lados do mesmo tamanho que as pedras longas. Ele, então, começou a contagem dos blocos que eram necessários para preencher todo o retângulo. Escreveu o resultado numa prancheta com argila molhada.

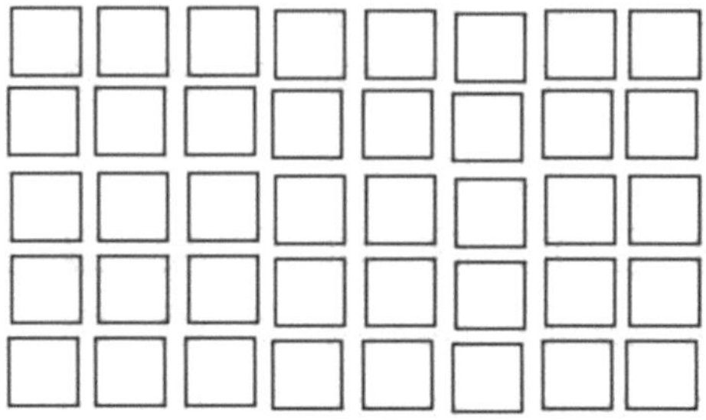

– O número de quadrados encontrado é a medida dessa superfície...

– Eu vou chamá-la de ÁREA! – exclamou Heráclito muito animado. – Nós os gregos somos bons em dar nomes.

Saary olhou para o intrometido com raiva. Controlou-se e disse:

– Você, grego, gosta mesmo de colocar nesses pergaminhos os nossos conhecimentos sobre construções.

– E como! Às vezes até escrevo em forma de poesia.

– Mas não deveria guardar em uma bolsa qualquer. Nossos preciosos conhecimentos são registrados em livros feitos de rolos de papiro e ficam protegidos na casa da vida como importantes documentos, junto com os nossos anais reais, nossos rituais, mapas do céu, tratados de medicina e cirurgia e teorias de matemática. Para o dia a dia preferimos usar a argila e os blocos.

– Esta bolsa é tudo que tenho e guardo-a com minha vida. – por um instante o grego tinha ficado aborrecido para a satisfação de Saary, mas Heráclito logo se recompôs e completou. – Ah, nesta minha bolsa tenho sempre tudo que preciso e como esses pergaminhos são mais fáceis de carregar. Muito mais fáceis do que esses blocos que são utilizados como modelos e a argila para escrever seus cálculos, não acha?

O arquiteto tentou revidar, mas o grego mostrou um dos pergaminhos e começou a explicar:

– Veja, Caio, esta é a maneira como eu expresso os cálculos do arquiteto.

Área de um retângulo ou de um quadrado.

ÁREA = a medida da base x a medida da altura

"Para saber a área, basta multiplicar a medida de um lado com a medida do outro lado.

"Área = 5 pedras x 8 pedras = 40 pedras quadradas

"Esse será o valor da área do modelo" – concluiu Heráclito.

– Nós, egípcios, achamos muito complicados esses cálculos – tentou continuar o arquiteto. – Não consigo entender essa tal operação chamada de multiplicação. Eu acho melhor do nosso modo. Dá no mesmo! Esse caso, por exemplo, para saber o total de pedras longas utilizadas, basta somar os lados.

– Tudo bem! – concordou o grego. – Mas a soma dos lados vou chamar de Perímetro, Por Zeus[7]! Realmente gosto de dar nomes bons a tudo.

– Prefiro chamá-las de obras colossais a pãezinhos – disparou Saary já preocupado.

– Como são 4 lados – insistiu o sábio estrangeiro, ignorando o arquiteto. – E, nesse caso, dois lados com 5 pedras cada e mais dois lados com 8, temos então:

"2 x 5 = 10 pedras e mais...

2 x 8 = 16 pedras

10 + 16 = 26 pedras ou 26 pedrinhas... ou cúbitos... ou medidas..."

– Como? – o arquiteto já estava desnorteado. – O que está fazendo?

– Eu não sei que nome devo dar para expressar essa medida. Cada povo tem uma medida diferente. Aqui no Egito, por exemplo, é cúbito, uma medida definida pela distância do cotovelo ao dedo médio do faraó. Como faremos? METRO[8], em grego, quer dizer medida. Que tal usar METRO, para o tamanho das pedras usadas na construção, DECÍMETRO, para as pedras dez vezes menores que o metro, e centímetros, para essas pedrinhas cem vezes menores em relação ao metro. E que tal um quilômetro para cada mil metros? Gostou?

– Nããããããão! Que confusão!

– Acho que esses nomes vão pegar – sorriu o grego.

Enquanto a briga reinava sobre as areias, Ramsés contemplava o horizonte. Uma nuvem de imagens foi tomando forma à vista somente do grande soberano, a reencarnação de Rá na Terra. As visões foram tomando o espaço e levando a mente a tempos futuros. Homens e mulheres de trajes peculiares derrubavam um muro do que parecia ser uma prisão e gritavam: "*Liberté, fraternité et egalité*"[9]. Logo depois, a visão vagou para um tempo um pouco mais adiante e revelou a reunião de vários homens numa sala, cumprimentando-se como se tivessem concretizado um tratado de paz. Um desses homens futuristas proclamava: "Agora, finalmente chegamos a um acordo sobre qual medida padrão deverá ser usada por todos os povos. Será o metro!" A imagem foi se dissipando em uma nuvem de areia. Ramsés abria e fechava os olhos tentando cessar de vez a transmissão atemporal. Olhou para os três companheiros, que o encaravam com preocupação, e esclareceu:

– Minha visão divina, mostrou-me que essa discussão vai levar ainda milhares de anos para acabar, meus amigos. Eu sei que cúbito depende do tamanho dos braços dos faraós, mas é o que nós estamos acostumados a usar aqui no Egito. Agora, se vocês quiserem, podem usar outra medida, como esse tal de metro, mas somente enquanto o grego estiver visitando o Egito.

Tanto o sábio quanto o arquiteto acataram o conselho do Faraó, sempre guiado pela sabedoria divina.

Voltando aos cálculos...

– Para saber a área de um quadrado, por exemplo – disse Heráclito, compenetrado. – é mais fácil. Num quadrado de lado igual a 5 metros a área será:

Área do quadrado

A = a medida do lado x a medida do lado

"Como num quadrado os lados são iguais, temos:

5 x 5 = 25 metros quadrados

"E para saber o perímetro, como os 4 lados são iguais, faço:

4 x 5 = 20 metros.

"Para saber a área de um triângulo, lembre-se que um retângulo ou um quadrado quando dobrados nos seus vértices formam sempre dois triângulos, logo:

$$\text{Área do triângulo} = \frac{\text{base x altura}}{2}$$

"Vamos usar esse cálculo para descobrir a área de cada lado de uma pirâmide – explicou o grego.

"Uma pirâmide com base quadrada de 100 metros de lado e com 130 metros de altura na face triangular tem:

"Área do triângulo (cada face da pirâmide) =

$$\frac{100 \text{ x } 130}{2} = \frac{13000}{2} = 6.500 \text{ metros quadrados"}$$

"Área da base (quadrado de 100 metros de lado) =

100 metros x 100 metros = 10.000 metros quadrados

"Então, qual é a área total da pirâmide? Ora, se a pirâmide tem 4 lados triangulares e uma base quadrada, então é só somar a área dos 4 triângulos e do quadrado. Assim:

"Área da pirâmide = 4 x 6.500 + 10.000 = 36.000 metros quadrados"

– Uma verdadeira obra colossal! – interrompeu Saary, cujo orgulho era evidente.

O calculista estrangeiro destacou:

– Mas voltando ao triângulo, sabendo a sua área fica fácil descobrir a área de outras figuras como o losango.

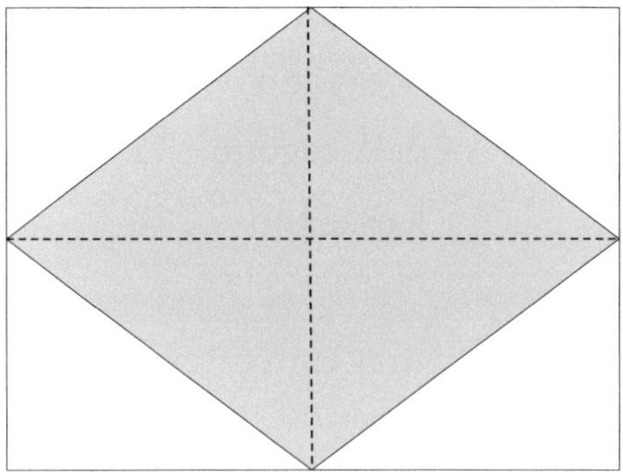

"Essas linhas pontilhadas com as quais dividimos o losango chamam-se DIAGONAIS. Veja que as diagonais d1 e d2 são iguais aos lados do retângulo que envolve o losango. Assim, percebe-se que a área do losango é a metade da área do retângulo.

"Área do retângulo = base x altura = d1 x d2

"E sendo área do losango a metade da área do retângulo, então:

$$\text{Área do losango} = \frac{d1 \times d2}{2}$$

"Para as outras figuras como os polígonos regulares, temos os seguintes números de lados:

pentágono	5	hexágono	6
heptágono	7	octógono	8
eneágono	9	decágono	10
undecágono	11	dodecágono	12
pentadecágono	15	icoságono	20

– É complicado calcular essas figuras com esses nomes horríveis – reclamou o arquiteto.

– Puxa! Cada nome esquisito! – opinou Caio. – Não acha melhor dividir esses polígonos em fatias formando triângulos iguais, usar o cálculo da área dos triângulos e multiplicar pelo número de lados que a figura possui?

– Adorei! – elogiou o grego – Vamos experimentar? Deixe-me ver: qual é a área do octógono que tem oito lados de 4 metros e distância de 5 metros do centro do octógono para cada lado. Usando a fórmula da área do triângulo, temos, por exemplo: uma figura de 8 triângulos com base igual a 4 metros e altura de 5 metros.

“octógono = $\frac{b \times h}{2} \times 8$

“octógono = $\frac{4 \times 5}{2} \times 8 = 80$ metros quadrados.”

“Perfeito! – elogiou Heráclito. – Agora vamos ver outra figura: uma face de uma pirâmide inacabada, ou melhor, um triângulo cortado. Chamamos essa figura de trapézio.

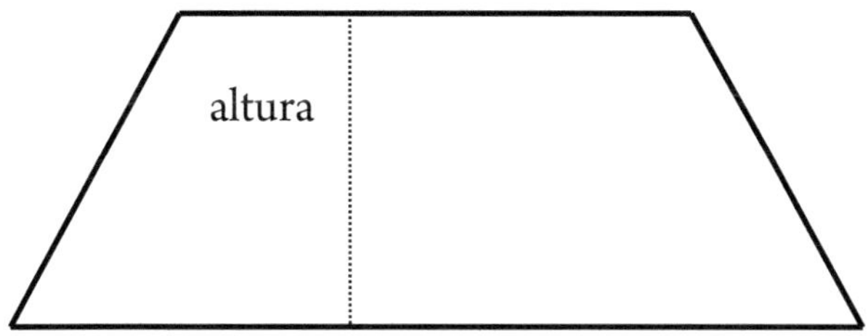

$$\text{Área do trapézio} = \frac{(\text{base maior} + \text{base menor}) \times \text{altura}}{2}$$

"Vejamos o exemplo: um trapézio com 12 metros na base maior, 8 metros na base menor e altura de 5,5 metros, tem de área...

"$A = \frac{(12+8) \times 5{,}5}{2} = \frac{20 \times 5{,}5}{2}$

"$A = 110 / 2$

"$A = 55$ metros quadrados"

– Agora, vamos ao principal: a nossa diferença em relação aos gregos – rebateu o arquiteto tomando o controle da situação. – Depois de quadrados, retângulos e polígonos, vamos calcular a área de um CÍRCULO. Ah, nossa! Até eu estou usando essas palavras gregas desgraçadas!

Heráclito começou a rir de Saary que, não suportando mais, avançou no grego.

– Pare com esse deboche! Eu estou louco com você, seu grego intrometido!

Como foi difícil para o mensageiro divino e o faraó apaziguar os sábios! Depois de uma breve trégua, o arquiteto voltou à carga.

– Veja esse bastão, Caio. – o egípcio fincou um bastão de madeira na areia. – Vou amarrar nele uma corda e na outra ponta da corda um prego. Agora, vamos girar o prego em torno do bastão, mantendo a corda esticada e marcando a areia. Acabamos de formar esta figura.

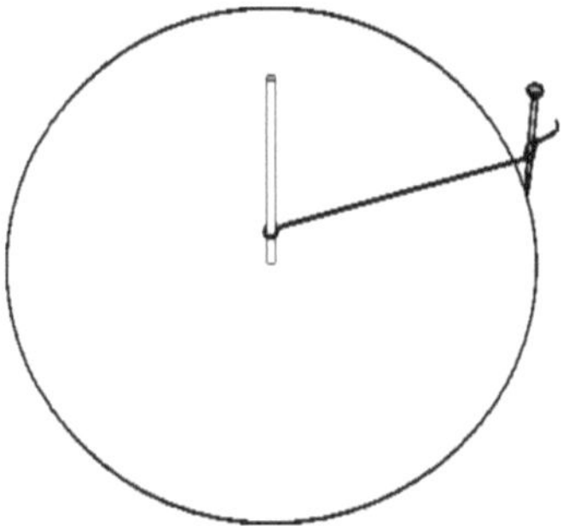

– Chamamos de RAIO – ressaltou Heráclito, percebendo que o arquiteto o olhava com raiva pela interrupção, mas mesmo assim o grego prosseguiu. – o tamanho da corda, isto é, a distância do bastão ao prego, de circunferência o sulco marcado na areia e de círculo toda a área interior ao sulco. Vamos prolongar essa corda. Quando a corda parte de um ponto da circunferência, passa pelo centro, e atinge outro ponto da circunferência no outro lado, chamamos essa corda de DIÂMETRO. Assim, um diâmetro é igual a dois raios.

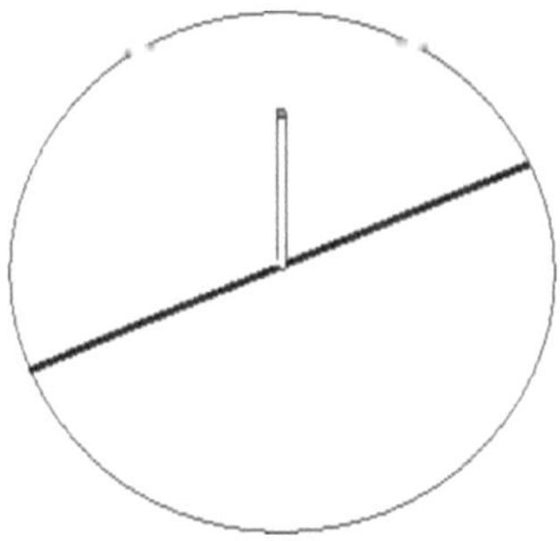

"Preencha o sulco que forma a circunferência com uma corda longa. Corte essa corda que limita o círculo e compare com a corda menor.

"Você perceberá que a corda da circunferência é aproximadamente TRÊS vezes maior do que a corda do diâmetro. Poderá fazer isso com qualquer tamanho de círculo que sempre haverá essa relação."

– Agora é a minha vez! – irritou-se Saary. – Divida a corda maior pela corda menor.

– Ou melhor, divida o comprimento da circunferência pelo diâmetro – reagiu Heráclito com suas insistentes intromissões.

– Sempre dará o mesmo valor – completou o enfurecido.

– Valor que nós, gregos, chamamos de Pi[10]. Este é o nome de uma letra grega que escrevemos assim... – Heráclito aproveitou para desenhar no seu pergaminho, ficando desse jeito:

O arquiteto não deixou de se vangloriar.

– Que pelos nossos cálculos, usando nossa calculadora egípcia, o ábaco, dá 3,16.

– Não! – protestou o grego. – Pi tem o valor de 3,18!

– É 3,16! – enfureceu-se Saary.

– É 3,18, seu construtor de pães!

– Parem! – exigiu o faraó já furioso que se mantivera afastado por todo esse período. – Ordeno que seja 3,14, pois isso será melhor calculado no futuro. Acabem com a explicação sobre a área de um círculo, agora!

– Está bem, senhor! – disse o assustado grego. – Finalizando:

"Comprimento de uma circunferência = C

"Raio = r

"Diâmetro = d = 2 r

$\frac{C}{d} = \pi$, então: $C = d\pi$

Logo:

Comprimento de uma Circunferência

$$C = 2\pi r$$

– E a ÁREA de um círculo? – interessou-se o garoto.

– Agora, é a minha vez! – continuou Saary. – Corte o interior da figura em fatias, desse modo:

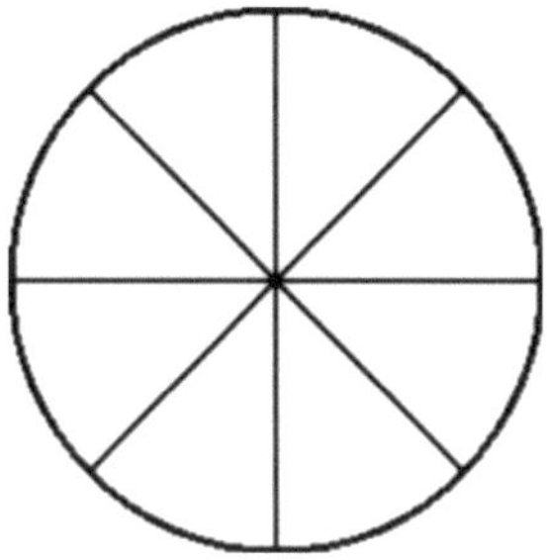

– Recorte esse círculo formando um retângulo – pediu Heráclito. – Usando o cálculo da área do retângulo:

r 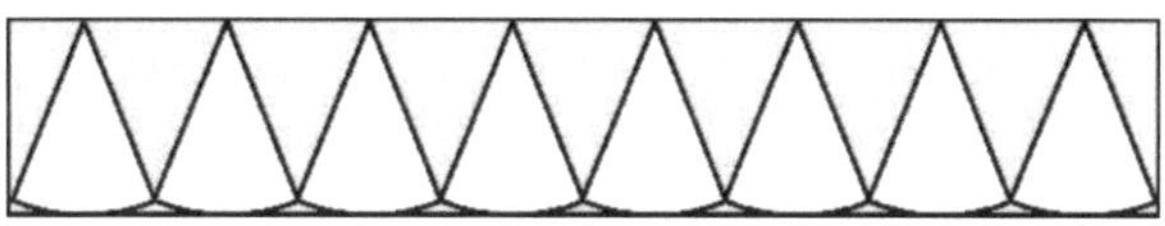

$C = 2 \pi r$

“A área do círculo é a metade desse retângulo:

“Área do Círculo $= \frac{C \times r}{2}$; logo: ÁREA $= \frac{2 \pi r \times r}{2}$

Área do Círculo

$A = \pi r^2$

O soberano estava satisfeito com o final da explicação e logo se dirigiu a Caio:

– O aprendizado de muitas coisas não ensina a compreensão[11]. Cabe a você achá-la dentro de si e usá-la. Agora é a sua vez, meu rapaz, de testar os ensinamentos em momentos que virão.

Caio e os dois briguentos ficaram a contemplar o rosto do divino representante do Egito que sustentava uma misteriosa expressão.

– Não tema, mensageiro – animou o soberano –, está entre amigos. Nada o deixará mais orgulhoso do que alcançar seus feitos por si só.

– Para que ele possa alcançar seus feitos é preciso antes praticar os ensinamentos recém-adquiridos – interveio Saary. – Meu divino mensageiro Caio, calcule a área da parte sombreada da seguinte figura:

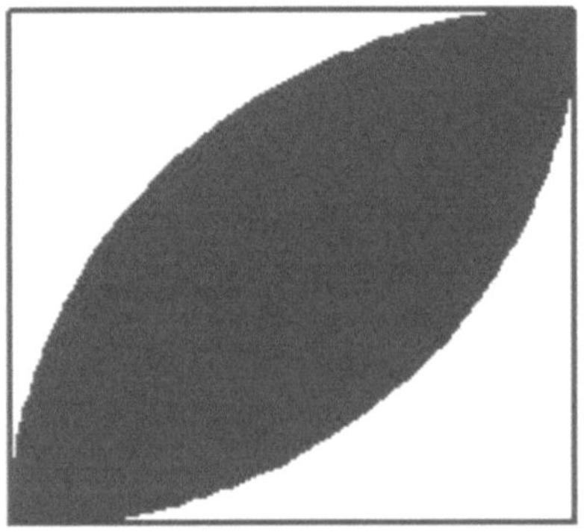

– Mas vocês não me ensinaram essa forma geométrica, ela é completamente diferente das outras.

– É justa a sua reclamação – disse o grego. – Por isso, vou te dar uma pequena orientação para começar. Essa forma geométrica sombreada nada mais é que a composição de formas geométricas básicas. Um problema pode ser resolvido se o decompusermos em suas partes básicas. Lembre-se sempre disto! Quais são as formas básicas que você vê na figura, Caio?

– Vejo um quadrado e... Não sei, parece que há pedaços de círculos!

– Isso! Que pedaços são esses e que operações você tem que fazer para calcular a área sombreada. Lembre-se que no problema da área da pirâmide você somou as áreas dos 4 triângulos e do quadrado. Deixe fluir sua intuição!

– Ah! Agora estou vendo que são quartos de círculo e já sei como resolver o problema – Caio se animou. – O primeiro quarto de círculo tem o centro em um dos vértices do quadrado e o seu raio é igual ao lado do quadrado, o segundo é igual ao primeiro, mas seu centro está no vértice oposto. E desta vez vou usar a operação de subtração de áreas. A área sombreada é igual à área do quadrado menos as duas áreas fora da região sombreada. Essas duas áreas são iguais.

“Área sombreada = Área do quadrado – 2 x Área não sombreada

“Área do quadrado = 10 m x 10 m = 100 m^2

“Área de um quarto de círculo = $\frac{\pi\ r^2}{4}$

“Área de um quarto de círculo = $\frac{3{,}14 \times 10^2}{4} = 78{,}5\ m^2$

“Área não sombreada = 100 m^2 – 78,5 m^2 = 21,5 m^2

"Duas áreas não sombreadas = 2 x 21,5 = 43 m^2

"Área total sombreada = 100 – 43 = 57 m^2 "

– Grande, divino! – vibrou o grego, dando um tapinha nas costas do rapaz.

– Dá pra parar de me chamar assim? Eu não sou divino.

– Que seja. Mas que você mostrou que tem uma intuição divina, isso é verdade!

Capítulo 4

Uma resposta não traz nenhuma iluminação a menos que a pergunta tenha amadurecido a um ponto onde ela faz surgir esta resposta que se torna assim sua fruta. Portanto, aprenda como fazer uma pergunta.

Antigo Provérbio Egípcio

Retornando com Ramsés e os amigos sábios para o palácio, Caio teve pouco tempo para jogar com o grego o mais popular dos jogos de tabuleiro da região, o Senet. Aquele jogo podia ser aplicado num rico tabuleiro de madeira folheado a ouro com pedras preciosas, ou, na maioria dos casos, numa simples grade riscada no chão. O tabuleiro era dividido em três colunas e tinha uma fileira de dez quadrados, ou melhor, casas, em cada coluna, e os dados eram varetas retangulares com uma cor de cada lado que correspondia a cor de cada jogador. Caio achou o jogo bem diferente, pois no Senet a estratégia era seguir a viagem de Ba (a "alma") pelas terras do outro mundo e lutar contra as forças do Mal e os inimigos de Osíris. Ganhava o jogo quem assegurasse uma viagem segura de seu próprio Ba rumo à vida eterna.

Os servos deram o aviso de que a refeição estava servida no outro salão. Os pratos de alabastro sobre as mesas baixas estavam convidativos com o colorido das frutas. O aroma adocicado dos bolinhos de trigo competia com o cheiro das ervas que temperavam as costeletas de boi. Tudo era regado a vinho diluído com água, cerveja e água fresca. Todos saboreavam os deliciosos pratos, principalmente o jovem viajante, que engoliu o manjar às pressas, tamanha era a sua fome. Depois de saciado, Caio aproveitou para ir até o lago que ele e a comitiva haviam passado, perto da entrada do salão.

Quando Heráclito percebeu a intenção do mensageiro divino, logo se levantou e o alertou:

– Cuidado, Caio!

– Com o quê?

– Cuidado com os bichos-pedra.

– Como?

– Eles se parecem com pequenos lagartos. Parecem pedras.

– Ah, é isso? – respondeu Caio, voltando a andar em direção ao lago. – Então tudo bem! Não tem problema.

O grego ficou perplexo com a resposta. Tentou novamente exigir prudência, mas Caio sorriu e adiantou-se. Ao chegar no lago, o jovem decidiu aproveitar aquelas águas cristalinas para nadar. Durante o banho revigorante, ficou apreciando umas aves parecidas com garças. Lembrou que, durante o banquete, Saary havia lhe dito que elas eram sagradas e Thoth, o deus da escrita e do conhecimento, era representado por um babuíno ou pela cabeça daquelas aves. As íbis, como eram conhecidas, estavam ao seu redor, algumas mergulhando e outras em pé na beira do lago. Subitamente, enquanto Caio boiava, as aves começaram a ficar alvoroçadas. Uma delas se debatia na água tentando desesperadamente alçar voo, mas algo a estava prendendo. Caio olhou para o local e não vendo nada de estranho, desviou sua atenção. A bela íbis lutava para se libertar até que, de repente, ela desapareceu sem deixar vestígios. O lago estava calmo, sem uma ondulação sequer, e agora só se viam plantas aquáticas e um enorme tronco no local onde, há poucos instantes, encontrava-se a íbis assustada. Caio continuou nadando, mas sentiu que havia alguma coisa errada. O silêncio invadira o local e o único sinal de vida que soava vinha de seu coração acelerado. Tentou descobrir o que o afligia, mas nao encontrou nada que pudesse alertá-lo. Ficou parado boiando, mas a sensação de perigo aumentava. Ao olhar para o tronco, notou que ele estava submerso e vinha em sua direção com uma boa velocidade. Começou a nadar o mais rápido que pôde para a beira. Tentou gritar por socorro, mas, no desespero, engolia muita água. Suas pernas e braços estavam num ritmo descompassado. Escutou um forte grunhido. Virou-se, apavorado. Lá estava uma boca enorme pronta para devorar aquele rapaz indefeso...

– Pegue isso! – gritou Saary para o jovem, apavorado.

O arquiteto se encontrava na beirada, segurando uma corda com a ajuda de Heráclito e outros empregados. Jogaram uma ponta em direção a Caio, que a agarrou firme. O grupo, então, puxou rapidamente. Foi o momento exato em que a fera, camuflada de tronco, fechou as mandíbulas, chocando-se contra a água, sem nada pegar.

A vítima estava já a salvo, quase sem fôlego, quando olhou para o grego e começou a gritar:

– Pequeno lagarto? É assim que você chama aquele monstro?

– Perdoe-me! – disse Heráclito, muito constrangido. – Eu só não queria assustá-lo sobre os bichos. Juro!

– Mas isso é um crocodilo! – Caio não conseguia desfazer a imagem daquela boca com dentes afiados em sua mente. – Eu quase fui devorado e você chama de pequenos lagartos?

– Exato! – confirmou Heráclito, deixando o rapaz mais zangado.

– Em grego, crocodilo significa lagarto de pedra – explicou Saary. – Eles chamam esses animais assim, porque ficam sempre imóveis e...

– Imóveis! – Caio ria de forma tensa. – Aquele bicho não estava nem um pouco imóvel.

– Eu disse que essas palavras gregas dariam confusão. – agitava-se Saary. – Eu avisei!

Capítulo 5

A exuberância é um bom estímulo para a ação, mas a luz interna cresce no silêncio e concentração.

Antigo Provérbio Egípcio

O momento tempestivo foi amainado com a aproximação de uma pequena comitiva composta exclusivamente de mulheres. Caio sorriu ao ver que Seshat estava com a comitiva que formava um círculo, no qual se destacava no centro a presença de uma mulher, ostentando uma capa com a forma de asas abertas. A bela figura feminina de pele dourada era alta. Pousado sobre uma peruca longa havia uma espécie de enfeite que representava um abutre com as asas longas descendo até os ombros nus. Os olhos profundos de cor de mel tornavam-se mais atraentes e misteriosos pelo uso de uma pintura negra bem torneada. Seu vestido branco, longo e leve, revelava sua silhueta elegante, mas o rico tecido de puro linho denunciava sua nobreza assim como o adorno na sua cabeça feito de plumas claras, o bracelete de lápis-lazúli, em forma de esfinge. Tal como o monarca, ela usava um colar de pedras lápis-lazúli com peças de ouro, e usava bonitas sandálias nos pés. A comitiva parou diante do faraó e o reverenciou. O círculo se desfez e a bela caminhou até o monarca.

– Aqui estou, meu amado, como me pediu – disse a esposa de Ramsés. Caio sorria para Seshat que se mantinha ao lado da rainha. – Vim apresentar meus respeitos ao Viajante do Céu.

Ramsés pegou a mão da bela e sorriu.

– Não poderia ter chegado em melhor hora, minha querida. Foi guiada pela sabedoria de Ísis[12].

– Estou sempre ao seu dispor, esposo.

O rei a levou até Caio e a apresentou:

– Esta, meu caro amigo divino, é a minha amada rainha, minha principal esposa. Para nós, ela é a real imagem da mãe de todo o Egito, e essas que a acompanham são as sacerdotisas do templo de Amon[13].

Eu a chamei para que ela pudesse ajudar nos seus estudos. Você verá que ela será tão valiosa para você como ela é para mim quando me oferece opiniões sobre os problemas do nosso reino. Sem a visão dela eu não conseguiria governar de forma tão clara e objetiva.

A bela mulher o saudou:

– Seja muito bem-vindo estimado dos deuses. Sou Nefertari[14]. Soube que já aprendeu, no estilo grego, como calcular a "*área*" de algumas figuras. Estou aqui para auxiliá-lo na sua missão. Eu e as sacerdotisas fomos introduzidas, desde crianças, ao estudo das artes, dos astros e, principalmente, da geometria. Agora, serei encarregada de guiar seus passos no estudo de:

VOLUME DE SÓLIDOS GEOMÉTRICOS

– Sugiro que ele comece logo os estudos – disse o faraó, colocando a mão no ombro de Caio. – Acompanhe a rainha, eu irei agora tratar de outros assuntos. – Caio seguiu a rainha que caminhou para uma ala mais isolada do palácio.

Chegando num aposento, a soberana ordenou a Caio que sentasse num pequeno sofá de madeira sem encosto. Nefertari acomodou-se numa cadeira dourada onde havia à frente uma mesa com uma caixa destampada feita de madeira e uma bolsa de couro. Caio deu um pequeno sorriso ao ver Seshat entrando no aposento. Ela acenou a cabeça e sentou-se no sofá.

– Estes objetos são tudo o que precisamos para o nosso estudo. – disse a rainha, apontado para mesa. – Esta caixa tem 6 lados, ou melhor, ela tem 6 faces. Onde cada face se encontra com a outra face chamamos de aresta. Para as arestas que formam a base da caixa damos os nomes de largura e comprimento e à aresta que fica em pé em relação ao chão damos o nome de altura.

A voz da rainha soava como uma leve brisa. Seus olhos pareciam os olhos de um falcão, animal que, para os egípcios, representava a imagem de Rá, o mais importante de todos os deuses, quando vagava de dia pela Terra. Além da representação de Ísis, mãe perfeita, ela também era a representação da bondade de Osíris[15], deus marido de Ísis que, juntamente com ela, era responsável pela fartura e prosperidade do Egito.

Nefertari pegou a bolsa e retirou vários cubos idênticos e os empilhou dentro da caixa até ocupar todo espaço.

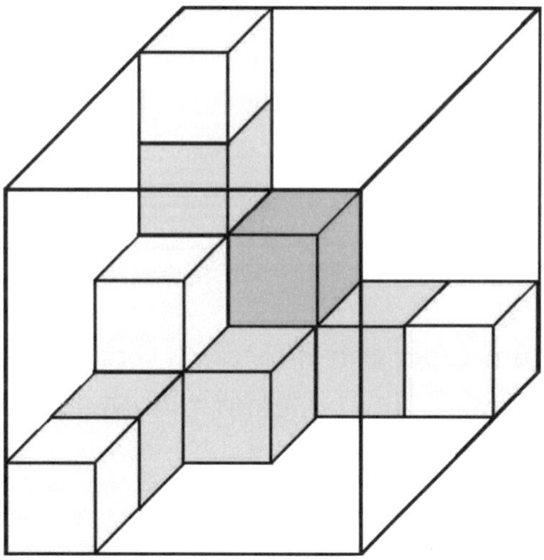

– Para saber quantos cubos podem ser colocados na caixa, você precisa apenas contá-los. Isso, meu amigo, é chamado de volume pelo nosso sábio grego que tanto admiro. Neste caso, esta caixa tem o volume de 60 cubinhos, ou melhor, centímetros cúbicos.

– E se eu não tiver cubos, como faço para calcular?

– Você já deve saber que para calcular o volume da caixa, multiplicamos primeiro a largura pelo comprimento. Com isso, já temos a área da base da caixa. Agora, para obtermos o volume, multiplicamos também pela altura.

“Ficando assim a fórmula:

Volume de uma Caixa

V = largura x comprimento x altura

ou

V = área da base x altura

“Se a caixa for um cubo, as três medidas serão iguais. Se a caixa tiver uma base em forma de um polígono, por exemplo, basta multiplicar a área do polígono pela altura.”

Enquanto a rainha procurava um objeto dentro da bolsa, Seshat aproximou-se de Caio e sussurrou:

– Nossa rainha é sábia e bela. Foi por muito pouco que ela não se tornou uma sacerdotisa e dedicava toda sua vida aos estudos, mas os deuses lhe deram outro destino e exigiram que ela usasse sua sabedoria para governar o Alto e o Baixo Egito, assim como o coração dela a fez amar Ramsés.

– Ela teve sorte.

– Sorte?

– A vida de uma sacerdotisa deve ser muito chata, estudando a vida toda.

– Quando você ama o que faz, a vida é sempre curta. O sol está sempre a iluminar a boa sorte e cabe a nós enxergá-la.

Seshat mostrou o colar feito com um fino cordão pendurado no pescoço. Havia uma única peça confeccionada em ouro, cornalina, turquesa e lápis-lazúli que tinha a forma de um inseto com duas pequenas presas, carregando o sol.

– Este escaravelho simboliza o renascimento do sol, como um deus que sempre volta e, para nós, esta joia é um grande amuleto, mas lembre-se: a sorte só vem para aqueles como o escaravelho que trabalha sempre para carregar a sua sorte.

Seshat fechou os olhos e circulava a mão sobre a peça, murmurando algo como se estivesse a recitar uma prece. Com as duas mãos colocou o colar no pescoço de Caio. Enquanto Caio reparava nos detalhes do presente, Nefertari mantinha-se focada em recortar o cilindro feito de papiro com uma faca até que o objeto ficasse totalmente aberto, como no desenho seguinte. Quando ela terminou, virou-se para Caio que estava a sorrir para Seshat.

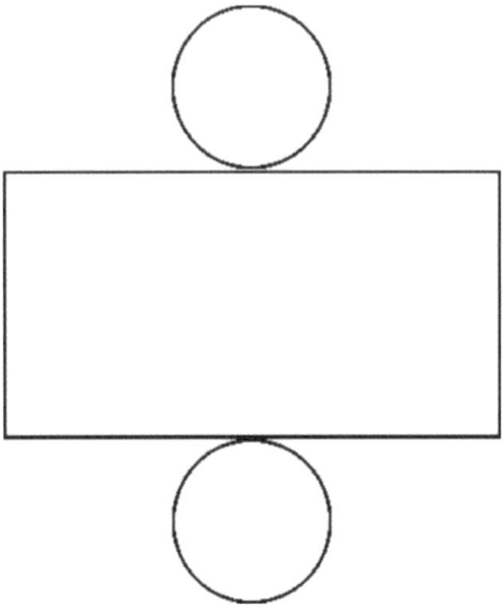

– Caio! Caio! – chamou a rainha o rapaz distraído.

– Sim, majestade. Qual é o lance agora?

– Lance? Sim, tem razão. Desejo agora lançar a você uma questão: Como você calcularia o volume desse objeto?

– Ah! Você fez como Heráclito – disse Caio ao reparar no cilindro desmontado. –. Um problema deve ser resolvido se for decomposto em suas formas básicas. Não é isso?

– Isso mesmo! – A rainha colocou as mãos nos recortes. –Um cilindro é formado por dois círculos e por um retângulo ou um quadrado. Dessa forma, fica fácil explicar para você, Caio. Está lembrado do que o sábio grego e Saary ensinaram-lhe sobre círculos e retângulos? Daí você pode calcular a área de um cilindro, veja:

“Área do círculo = πr^2

“Dois círculos = $2 \pi r^2$

"O retângulo tem a base igual ao comprimento da circunferência.

"Área do retângulo = base x altura = 2 π r x Altura

"Somando as áreas, temos:

Área do Cilindro

$$A = 2 \pi r^2 + 2 \pi r \times \text{altura}$$

– Até agora só falou de área. Pra saber o volume desse cilindro eu imagino então que deve ser como no caso da caixa, não é? Pego a área e multiplico pela altura.

– Você raciocinou bem. – aprovou a rainha, sorrindo. – Como a base de um cilindro é um círculo, temos:

Volume do Cilindro

$$V = \pi r^2 \times \text{altura}$$

– Não esqueça esses ensinamentos de matemática que para muitos mortais vale como uma grande magia – pediu Seshat.

– Não gosto de fórmulas. Na verdade, eu não gosto muito de ficar aqui vendo toda essa matemática. Pra que vai me servir?

– Disse alguma coisa, viajante? – indagou a rainha.

– Eu só estava dizendo que não gosto... – Súbito o colar arrebentou e as pedras de lápis-lazúli caíram no colo da soberana. Enquanto a soberana recolhia as pedras, Caio sentiu a mão de Seshat no seu rosto.

– Não diga à rainha que não gosta da matemática. Você nunca foi devidamente apresentado a este poder. Matemática é como os deuses regem o Universo. É o maior presente que eles deram aos mortais para sobreviverem. Pensa que as fórmulas foram criadas num piscar? Elas não são apenas expressões recheadas por letras, números e símbolos. As fórmulas são o resumo de um longo pensamento de um ser que procura pela verdade. Matemática não é apenas tecida de números e cálculos. Ela faz o seu pensamento fluir, mensageiro, e das águas das ideias emerge a solução.

Os olhos de Caio não ousavam piscar. O rosto de Seshat parecia estar envolto numa luz suave que só a alma de Caio podia sentir.

– Deixe a grande magia te envolver – pediu a jovem. – Ela ainda vai te seduzir. – os lábios de Seshat tocaram a face de Caio. Tocou uma pálpebra, depois a outra e foi escorregando até os lábios entreabertos, que não ocultavam que há tempos desejavam aquele beijo.

Caio abriu os olhos com a inesperada aparição do faraó. Seshat se levantou e saiu do recinto sem pedir permissão da rainha ou cumprimentar o faraó que olhava para o chão e massageava o peito. A amada do soberano pressentiu que algo de muito grave estava acontecendo. Ramsés não fez confidência alguma, apenas pediu que os dois o seguissem.

Dirigiram-se para a sala de audiências, onde encontraram o conselho militar do faraó. Lá estavam o general-chefe, o primeiro ministro e mais alguns oficiais.

O grande faraó pediu a todos que se sentassem e iniciou a reunião:

– Acabei de receber relatórios sobre os conflitos em Kadesh que já dura tantos anos. Temo que as notícias sejam desanimadoras. Estamos sofrendo grandes perdas para os nossos inimigos, os hititas[16]. Eles invadiram mais uma vez o meu império.

O rosto do grande faraó denotava muita tensão. Por um instante, afastou-se do grupo que discutia a situação. Seus olhos voltaram para a janela a revelar um céu claro sem nenhuma brisa a refrescar sua tensão. As lembranças de Ramsés criança vieram à tona naquele momento. Desde o reinado do faraó Seti, seu pai, Ramsés ouvia as histórias sobre os conflitos entre os hititas e os egípcios. Tudo por causa de discórdias ocasionadas pelo domínio das terras na Síria. As terras e as cidades-fortalezas eram várias vezes arrasadas e os habitantes mortos ou expulsos. Os faraós antes de seu pai estavam envolvidos demais com problemas internos para poderem fazer algo a respeito. Somente no reinado de Seti puderam penetrar nas terras ao norte, expelir as tribos do deserto e dominar toda a região até a faixa que se estende de Tiro a Damasco. Ali, o faraó Seti foi detido pelo rei hitita. Por várias vezes esse império inimigo interferiu nos planos de desenvolvimento do Egito. Ramsés, quando garoto, acompanhava o pai nas batalhas. O pai conseguiu pequenas tréguas, mas, no fundo, tanto Seti como o próprio Ramsés sabiam que um dia um grande confronto seria inevitável.

– Teremos que viajar com o nosso exército para Kadesh – regressou Ramsés à reunião. – A crescente ascensão política de nossos inimigos e sua expansão para o sul obriga-nos a agir imediatamente para assumir controle não só das fronteiras, mas de toda a costa oriental do Mediterrâneo. Devo extirpar de vez as crueldades impostas por nossos inimigos. Os gritos desesperados dos príncipes locais que há anos imploram a ajuda do nosso reino deverão finalmente cessar. Não mais aceito ver o sangue correndo por essas terras.

– Mas, meu faraó – interrompeu um dos oficiais. – Não temos

ideia de quantos homens serão convocados para esta campanha do império hitita.

– Não podemos recuar, mesmo sabendo que poderemos enfrentar forças dos hititas em maior número. Devemos contar com uma boa estratégia e com a ajuda de nossos deuses. Por enquanto, estou contando com o elemento surpresa a nosso favor, porém sempre temo os espiões, que vivem entre o nosso povo.

A fala do soberano despertou um sentimento de grande inquietação em todos os presentes. Sabiam que o povo estava há muito tempo querendo uma definição dessa guerra, para que todos pudessem ficar tranquilos quanto à proteção de uma das suas maiores riquezas: a terra.

Capítulo 6

A única força ativa que surge da posse é o medo da perda do objeto da posse

Antigo Provérbio Egípcio

A partida do exército para a campanha foi acompanhada de uma festa. A população viveu aquele dia como se fosse um feriado. Ramsés rumava para o norte seguindo o Nilo em marcha com o exército. O faraó seguia na primeira unidade batizada de deus Amon. No caminho foram sendo organizadas as outras três divisões de Rá, Ptah[17] e Seth[18], que se conservavam separadas por uma distância de 10 quilômetros. No total, o exército já contava com 20 mil homens.

– Atenção! – exigiu o faraó a sua divisão. – É chegada a hora de colocarmos todos os nossos conhecimentos à disposição do Egito.

Caio, juntamente com o sábio grego e o arquiteto, foi convocado para essa chamada e seguiu na unidade do faraó.

– Que Maât[19], a deusa da justiça, esteja com vocês – proclamou Ramsés.

Por onde passavam, ouviam-se gritos de exaltação. O faraó não mais usava a coroa, o pschent, que reúne o branco e o vermelho, a cobra e o abutre, que representavam a soberania sobre o baixo e o alto Egito. No lugar disso, ele ostentava a coroa azul conhecida pelo nome khepresh, que era decorada com pequenos círculos dourados. Aquela coroa era somente usada em ocasiões militares. Durante a ausência do faraó, do primeiro-ministro e do general-chefe, a rainha Nefertari dirigiria o país.

Caio seguiu com o exército pelo Caminho de Hórus, uma rota militar protegida por 11 fortalezas que, como Ramsés explicou, estavam representadas nas paredes do Templo de Karnak, em Luxor, durante o reinado de Seti, pai do faraó Ramsés. As fortalezas da rota militar estavam estrategicamente situadas na fronteira Oriental do Egito. Atuavam como pontos de alerta antes que qualquer exército hostil pudesse chegar à cidade fortificada em Tjaru, onde milhares de soldados viviam. Lá também havia uma movimentada zona comercial e era o local no qual os viajantes pagavam impostos sobre os produtos antes de sair do território egípcio, tudo calculado por funcionários que possuíam tabelas e balanças para os cáculos das taxas. Nas fortalezas também havia grandes reservatórios de água, bem como estações de suprimentos. O caminho de Hórus era uma artéria vital através do qual o tráfego militar e comercial entre o Egito e Ásia fluía. Aquela região tinha um significado muito especial para Ramsés. O avô de Ramsés, que também se chamava Ramsés, foi um militar de carreira, chegando ao posto de general do exército egípcio, depois foi vizir ou conselheiro de Horemheb, o último faraó da XVIII dinastia, a mesma dinastia dos faraós Aquenaton e Tuncâmon. O avô se tornou o primeiro faraó de uma nova dinastia, sendo seguido pelo filho Seti e agora pelo neto Ramsés. Como sua família provinha daquela região, Ramsés tinha um certo carinho pela região, e isso foi o que o motivou a construir o forte para onde estavam se dirigindo. O forte de Tjaru fora construído com bases formadas por camadas de tijolos de barro. Tinha degraus para reforçar paredes que tinham por volta de 9 metros de altura e 12 de largura. Eram enormes muralhas muito resistentes, pontuadas por 24 torres que cercavam mais de 80 mil metros quadrados. Caio passou com o exército pelas grandes portas e viu que no interior havia barracas para os soldados e armazéns. Caio podia ver a movimentaçao de sentinelas armadas com lanças que refletiam o fim da luz do dia que fora tão quente. Havia vários desesenhos esculpidos nas paredes internas com a figura do faraó Seti sempre atuando em grandes e ferozes batalhas, com os fortes também ali demarcados. Eram ataques vindos do mar ou por terra tentando conquistar as cidades daquela região sob domínio de Seti. O Egito sofria com frequentes guerras contra os hititas, mas também contra os líbios, númidas e outros e nem todos estes povos eram a leste da rota de Hórus.

Depois de um dia tão cansativo, Caio e os outros puderam banhar-se e jantar ao lado de alguns nobres viajantes que desejavam palavras do faraó que pudessem assegurar que o comércio não seria afetado pela batalha que estava por vir. Como sempre, o faraó era o ponto central de todas as atenções e seu discurso ensinado pelo pai e professores, mostravam-no como um grande diplomata, apaziguando todas as desconfianças que os nobres de regiões distintas estavam a levantar.

No dia seguinte, Caio e o faraó foram ver uma área onde alguns artistas trabalhavam, fazendo desenhos numa grande parede. O título e nome do faraó estavam sendo gravados. Nele, Ramsés fazia uma oferenda aos deuses para preservar a Ordem Cósmica ou Maat. Preservar Maat era a função mais sagrada de um faraó. Isto significava manter a estabilidade que o povo via como a base do progresso. Aquela Ordem necessitava ser mantida a todo custo por Ramsés, afastando a presença de invasores estrangeiros.

Antes de continuarem a jornada, Ramsés foi ao grande templo do forte e lá participou dos rituais onde os sacerdotes sacrificaram um boi para garantir o apoio de Rá ao faraó, deus na terra.

Depois de uma marcha forçada, alcançando as vizinhanças de Kadesh, acamparam nas elevações próximas ao rio Orontes. Ainda não havia sinal do inimigo. Ramsés estava na tenda principal acompanhado por Caio e os dois sábios. Enquanto discutia seu plano de ataque com os seus oficiais, dois batedores apareceram, trazendo dois hititas capturados. Os dois prisioneiros foram jogados ao chão diante do faraó.

– Onde está o seu exército? – interrogou ameaçadoramente Ramsés os dois homens que foram colocados de joelhos por dois robustos soldados. – Digam logo!

– Não sabemos – tremia um dos prisioneiros. – Nós não somos soldados, somos apenas beduínos.

– Mentira! – o soberano bateu no rosto do assustado. – Vocês são desertores.

– Sim, sim – confessou o outro companheiro mais velho que se manteve curvado. – Por piedade, não nos faça mal. Diremos tudo que desejar.

– Covardes, mas úteis! Diga logo o que sabe para salvar a sua mísera pele.

– Senhor, nosso rei foi avisado de que estava por vir com grande poder e...

– Fale, mísero rastejante!

– Nosso rei soube que o próprio faraó estava a comandar o exército egípcio e encheu-se de temor. Ele se afastou, senhor.

– Fugiu?

– Senhor, ele achou que teria de conseguir mais homens para enfrentar o próprio deus na terra e por isso está longe daqui.

– E onde ele está?

– Senhor de todo o Egito, a última vez que soubemos do exército, ele estava perto de Halab.

– Isso fica a 160 quilômetros daqui – estimou o grego.

– Quantos homens? – prosseguiu o faraó.

– Senhor, deve haver uns... – gemia o homem, abatido. – Uns 15.000, no máximo.

– Isso é menos do que eu imaginava – surpreendeu-se o faraó, fixando-se em Saary. – Será que os deuses estão nos oferecendo tamanha vantagem?

– Ramsés – disse o antigo tutor –, deve ter cuidado com esses homens.

O faraó ficou a pensar na preocupação de Saary. A vontade de iniciar logo a luta e conquistar Kadesh era refletida nos olhos do sagaz e jovem soberano.

– Eu juro – murmurava o prisioneiro, enterrando o rosto no chão de terra. – Juro que estou a dizer tudo o que o grande faraó precisa saber.

– Levem-nos! – ordenou o faraó aos guardas. – Quero que sejam enviados para fora do acampamento.

– Mas, senhor – jogou-se o outro hitita –, por clemência, não podemos ficar? Se nos encontrarem seremos...

– Mortos como cães que são – fitava Ramsés os dois apavorados ajoelhados aos seus pés. – Desertores não merecem nada. Levem-nos!

Os dois cativos foram arrastados para fora, enquanto Saary se aproximava do monarca.

– O que fará agora?

– Vou adiantar a unidade Amon o máximo que pudermos.

– Mas não acha arriscado? – intrometeu-se Caio. – Assim não vai se afastar muito da unidade Rá?

– Tenho que arriscar – disse o soberano, virando-se para o mensageiro divino. – Preciso chegar o quanto antes a Kadesh para um ataque surpresa. É minha grande chance.

Capítulo 7

A verdadeira sabedoria é menos presunçosa que a tolice. O homem sábio duvida frequentemente e muda sua mente; o tolo é obstinado e não duvida; ele conhece todas as coisas, exceto sua própria ignorância.

Akhenaton – Faraó, Século 14 a.C.

Chegando ao noroeste de Kadesh, frente ao rio Orontes, os oficiais começaram a preparar a primeira parte de uma estratégia militar: preparar um acampamento que serviria como um posto avançado.

Ramsés queria fazer um círculo com os soldados para vigiar a área, de modo que cada homem ficasse posicionado a uma distância de 10 metros um do outro, num raio de 200 metros da tenda principal. O faraó perguntou a Caio:

– Caio, quantos homens serão necessários para fazer a vigília? – indagou o faraó.

O garoto lembrou-se da discussão com o grego e o arquiteto sobre a medida da circunferência e percebeu que os homens estariam dispostos ao longo da circunferência de um círculo com 200 metros de raio.

– Bem, colocando os dados na tabuinha de argila, temos:

"$C = 2\pi r$, em que $r = 200$ metros, então

"$C = 2 \times 3{,}14 \times 200 = 1256$ metros

"Como temos cada homem distando 10 metros um do outro é só dividir por 10.

"Quantidade = $\frac{1256}{10}$ = 125,6

"Podemos aproximar o resultado para 126 soldados"

– Muito bom – elogiou o faraó. – Estou vendo que sua ajuda vai ser de grande valia para nós.

Após levantar as tendas do acampamento e preparar a vigília, os egípcios ficaram à espera das outras divisões. À noite, um alarido tomou conta do acampamento, o sábio grego, muito nervoso, foi ao encontro do enviado de Rá que estava dentro de uma tenda, preparando-se para dormir.

– Caio, Caio! Acabou de voltar um grupo de batedores que capturaram mais dois hititas!

– E o que houve depois?

– Eles foram torturados e após algum tempo acabaram soltando a língua. Disseram que o exército inimigo está escondido atrás da fortaleza de Kadesh, a quatro quilômetros de nós!

– Mas então aqueles outros prisioneiros estavam mentindo pra Ramsés? – o grego confirmou com um aceno. – Sabia que não podia confiar.

– Eles eram espiões e fizeram questão de serem presos para fazer toda aquela encenação... Que tragédia! Agora temo que o grande faraó esteja em apuros.

– Ai, não! – esfregava o jovem a testa. – Quantos hititas?

– Por volta de 37.000 mil homens e 3.500 bigas.

– Que droga!

– Droga, não, Caio. Droga se usa para curar. Você quis dizer: que veneno, não é isso? – corrigiu o sábio, sem entender a gíria do jovem que ficou refletindo sobre o que iriam enfrentar. O sábio, nervoso, deixou-o mais preocupado. – Disseram que eles estão fortemente armados.

– Essa não! O que Ramsés vai fazer? Ele tá frito!

– Se “frito” significa estar em grande perigo, então eu concordo com você. O faraó foi muito afoito em avançar dessa maneira.

– E agora o que vai acontecer?

– Agora, ele ordenou que um grupo fosse despachado para apressar a vinda das outras unidades, mas... Ah, Zeus pai! Creio que será tarde demais!

– Temos que fazer alguma coisa – disse Caio, andando de um lado para o outro. – Deve haver um jeito de retardar... Tem de haver um jeito...

– Retardar? – Heráclito ficou a roçar o queixo, perdido em seus pensamentos.

– Tem alguma ideia?

– Eu acho que sim. Os batedores disseram que um grupo de soldados hititas se encontra aqui perto, acampados perto de um poço. Isso poderia nos ajudar...

– Tá brincando? Por acaso tá pensando em afogar todos eles nesse tal poço?

– Não, não... Você não está seguindo o meu raciocínio... Já imaginou se colocássemos uma poderosa droga para dormir na água desse poço? E se você fosse até lá, disfarçado?

– Eu! Mas logo eu!

– Ora, um jovem não chamaria atenção, eu acho – ficou o grego a reparar novamente na roupa do mensageiro divino. – Se você levasse uma corda com uma pedra amarrada e a jogasse até o fundo do poço, e depois... É! Eu acho que pode dar certo. Se... Se você puxasse a corda, daí veria a marca d'água... É, vai dar certo sim! Desse jeito saberia em que altura do poço está o nível da água, isto é, qual a sua profundidade. Com a mesma corda, poderia medir o raio do poço, tudo em metros. Com esses dados, saberia o volume. Como a água ou outro líquido são normalmente medidos em litros e...

Cada litro é igual ao volume de uma caixa de
1 decímetro cúbico.

"Temos :
Metro = 10 x 1 decímetro

"Área = 1 metro x 1 metro = 1 metro quadrado = 10 decímetros x 10 decímetros = 100 decímetros quadrados (ou 100 dm^2)

"Volume = 1 metro x 1 metro x 1 metro = 10 dm x 10 dm x 10 dm = 1.000 decímetros cúbicos (ou 1.000 dm^3)

"Então:

Metro cúbico = 1.000 decímetros cúbicos = 1.000 litros"

Heráclito ficou um tempo calculando até completar o plano.

– Sabendo quantos litros há no poço, poderíamos usar uma poção poderosíssima, mas tem que ser na dosagem correta. Basta apenas uma gota para contaminar 1.000 litros de água. – o grego colocou a mão no ombro do rapaz, preocupado. – E então, aceita a missão?

– Por que eu? – suspirou Caio. – Não tem outro jeito, não?

– Creio que faz parte do seu destino, meu bom jovem. E então, o que decide?

Com essas importantes informações, o mensageiro divino, e agora espião, decidiu ir até o acampamento.

Caio colocou uma roupa parecida com a de um hitita e foi até o acampamento inimigo munido apenas de uma corda, uma pedra e com o pequeno frasco da poção. Sem ser visto, bem devagar, chegou até o poço e obteve os seguintes dados:

altura da água = 5 metros

raio = 2 metros

Caio finalmente percebeu para que servia aqueles conceitos sobre volumes ensinados por Nefertari, a bela rainha do Egito.

"Se um poço tem o formato de um cilindro e o volume de um cilindro é:

"Volume do cilindro = πr^2 x altura

"Assim, volume do cilindro = 3,14 x 2^2 x 5 = 3,14 x 4 x 5 = 63 metros cúbicos

"Mas, 1 metro cúbico = 1.000 litros, e preciso de uma gota para cada 1.000 litros, então ...

"Lá vou eu despejar 63 gotas!"

Ao sair do acampamento, no caminho de volta, ele se deparou com dois guardas. Caio, mesmo assustado, segurou a respiração e os saudou com um breve gesto. Para não levantar suspeitas, começou a fingir que estava recolhendo madeira para alimentar as fogueiras do acampamento. Ele estava aflito, com medo de que pudessem escutar o seu coração tão acelerado. Um dos homens aproximou-se dele e encostou a mão fria no seu ombro. As pernas de Caio já estavam tremendo, ele pensou que fosse o fim e que iriam matá-lo como a um espião. Mesmo com esses pensamentos, esforçava-se ao máximo para aparentar que estava calmo. Sabia que tinha de ir até o fim com o disfarce. De repente, o homem pegou a mão do jovem e depositou algo sobre a palma suada. Caio engoliu em seco e olhou para a mão. Lá estava uma das tochas que os hititas estavam segurando. Um alívio correu por sua espinha ao ver que não havia sido reconhecido, os guardas apenas estavam querendo facilitar a sua tarefa. O rapaz gesticulou, agradecendo e saiu de perto daqueles homens, retornando o mais rápido possível para junto dos amigos egípcios, feliz com a sua sorte. No caminho, reparou que um falcão estava pousado numa árvore. A ave seguia seus passos com um olhar atento. Caio parou um instante e por alguns segundos teve a impressão que uma luz emergia da ave que, nesse instante, voou para longe, desaparecendo nas sombras.

Com a façanha realizada na noite anterior, um grupo de seiscentos hititas foi feito prisioneiro. Desse grupo, os mais jovens seriam levados para o Egito para serem educados e formariam novas famílias com mulheres egípcias. Depois, poderiam sair do país, carregando para sempre a cultura egípcia e suas crenças baseadas na paz. Era dessa forma que espalhariam pelos quatro cantos do mundo o poder do soberano. O faraó acreditava que a melhor maneira de conquistar toda uma nação era fazendo o povo esquecer sua cultura, de suas tradições e adotar as crenças do conquistador. Os outros prisioneiros, homens mais maduros, já doutrinados, seriam levados para as pedreiras.

A aventura heroica de Caio deu mais moral ao rapaz diante dos soldados, que já o estavam chamando de Ápis,“alma magnífica”, cujo símbolo era o touro sagrado do Egito.

Capítulo 8

Ouça as palavras da prudência, preste atenção a seus conselhos e guarde-os em seu coração; suas máximas são universais, e todas as virtudes inclinam-se perante ela; ela é a guia e a amante da vida humana.

Akhenaton – Faraó, Século 14 a.C

O tempo ia se esvaindo para aquela unidade que ainda se mantinha isolada do resto da divisão. O dia quente e seco obrigava a racionar a água e a espera pelos reforços tornava difícil a liderança dos oficiais sobre os guerreiros. Percorrendo o acampamento, Ramsés percebeu que os soldados estavam à espera do pior. Era necessário que fizesse um discurso para ressuscitar o ânimo e a coragem.

"Protegidos de Rá! É chegada a hora de demonstrar toda sua devoção..."

Uma nuvem foi avistada no horizonte claro interrompendo bruscamente a fala do comandante supremo. O vento foi trazendo o som de centenas de relinchos e trotes apressados. Ramsés e seus soldados fixaram-se nas formas turvas dos cavalos puxando bigas leves compostas de um guia e um arqueiro avançando num ritmo alucinante. A felicidade ao reconhecer a tropa de reforço estava refletida em todas as faces dos soldados, porém não durou muito. As dúvidas surgiram no rosto do soberano ao notar que a tropa não demonstrava a intenção de diminuir a corrida disparada. Os olhos do faraó passaram a se tornar mais vivos, mais incrédulos ao desvendar a ameaçadora verdade.

A unidade de Rá despedaçada, composta por sobreviventes em fuga desesperada, chegou, avançou e precipitou-se pelas centenas de tendas ali armadas. O caos abateu-se sobre todos no acampamento. A loucura estava armada, pois no encalço à unidade desenfreada estava a fúria de milhares de bigas hititas. Por serem mais pesadas, pois levavam um condutor e dois arqueiros, as bigas perseguidoras eram menos ágeis em desviar do que quer que estivesse a sua frente. O horror foi cobrindo o acampamento de sangue. Os gritos foram sendo esmagados pelos cascos e rodas furiosas e pelas espadas e lanças selvagens.

O soberano ordenou que fosse dado o alerta, mas as trombetas soaram tarde demais. Sem se render ao desespero, subiu em sua biga e se pôs de peito aberto frente ao seu destino. Deu ordens para os arqueiros e atiradores de fundas egípcios revidarem ao ataque, apesar da presença das suas próprias forças misturadas aos adversários. O céu tornou-se negro pela chuva de flechas atiradas de ambos os lados. Os soldados egípcios lançaram-se à procura de tudo que estivesse ao alcance para servir de escudo contra a morte certa. Empunhavam suas *khopesh* (umas espadas pesadas de bronze, tipo cimitarra, com dois gumes), mas as lanças dos oponentes os atingiam pela retaguarda. Durante o confronto, o faraó foi derrubado da sua biga por um soldado, mas Rá, deus Sol, estava ali com sua proteção divina. O inimigo, ao tentar golpear o rei caído, ficou temporariamente cego pela luz do sol refletida no bracelete de ouro do faraó, que estava com o braço em posição de defesa. Rapidamente, Ramsés reagiu pegando uma lança e fincando-a com toda sua raiva no peito do agressor.

Ramsés, derrotando seus inimigos

O combate sangrento e confuso não dava nenhuma noção de quando terminaria. Em uma das tendas, Caio e o grego estavam sendo atacados por um grupo de guerreiros hititas que queriam levar o mensageiro divino como troféu. Os espiões hititas haviam informado sobre sua presença.

O amigo sábio tentou proteger Caio, mas foi golpeado na cabeça por trás, tombando ao chão. Já com o rapaz em seu poder, os hititas saíram da tenda, mas foram surpreendidos pelo arquiteto liderando três homens.

Saary lutou com toda bravura e durante a confusão os raptores acabaram por perder o rapaz. Um deles perseguiu o jovem para tentar matá-lo. Conseguiu agarrá-lo, mas antes de dar o golpe fatal com uma espada em forma de foice viu o escaravelho no pescoço de sua vítima indefesa. Zombou do amuleto, dizendo que pelo jeito ele não tinha trazido sorte, dado que seria morto, mas quando partia para a execução, Heráclito, que já tinha se refeito do golpe, acertou uma lança no hitita, salvando o mensageiro de Rá.

Os hititas dispersaram a divisão de Amon, todavia em vez de dizimá-la não resistiram à tamanha quantidade de ouro ali no acampamento e começaram a pilhar.

Os soldados inimigos do Egito lutavam sem pagamento, pois precisavam cumprir a obrigação no exército para poderem pagar impostos ao proprietário das terras que utilizavam para o cultivo. Se tivessem a sorte de obter grandes espólios de guerra, poderiam então ficar ricos. Ou seja, o único pagamento que receberiam na vida estava no que conquistariam nas pilhagens. Este sempre foi o maior incentivo para se lutar. Com os olhos cegos pela ganância, os saqueadores deixaram escapar o maior de todos os prêmios: capturar ou matar Ramsés II e os nobres do elevado escalão do Egito. Poderiam também ter destruído todas as bigas restantes e outras forças do exército egípcio e assim impedir o que viria a seguir.

Foi a chance que os deuses deram ao faraó. Enquanto a infantaria do Egito lutava ferozmente contra os hititas, Ramsés reagrupou seus arqueiros em suas bigas para fora do acampamento e revidou o ataque. Os hititas, desorganizados e desesperados sob uma densa massa de flechas, bateram em retirada.

O acampamento quase destruído ficou indefeso. Essa foi a oportunidade para que uma nova força hitita composta de 1.500 bigas cruzasse o rio e se pusesse a atacar. Lideradas por nobres como os reis de Aleppo (Halab) e de Karkemish, dois irmãos do rei do império hitita, Muwatalli[20], os novos combatentes marchavam confiantes, como se estivessem acompanhados da certeza da vitória.

Foi nesse instante que surgiu a cavalaria do Egito com recrutas conhecidos como os Ne'arin. Esta força fora requisitada por Ramsés para se juntar ao corpo principal do exército egípcio com a finalidade de aproximar-se de Kadesh pelo oeste. Com esta tropa, o acampamento foi salvo e as forças adversárias foram rechaçadas, deixando muitos inimigos abatidos no campo de batalha.

Os hititas, sem ter mais como revidar, abandonaram as armas e se puseram a tentar atravessar o rio Orontes para escapar da ira do faraó que retornava e agrupava-se com a tropa salvadora. As montarias dos hititas inclinavam-se para trás, negando o comando aos seus donos dominados pelo pavor.

Ramsés não concedeu nenhuma trégua e os pressionou mais e mais com novos ataques. Homens e mais homens foram sendo pisoteados e afogados pela multidão de companheiros. O rio encharcava-se de corpos de expressões carregadas de pavor. Aos poucos hititas que tinham se mantido a salvo do outro lado do rio só restava recuperar seus guerreiros e nobres enfraquecidos. O faraó observava com alívio a retirada em massa daquele exército extraordinário e astuto que quase o dizimou. Seu rosto se encheu de orgulho ao assistir o triste resgate, do outro lado do rio, do rei de Aleppo que era mantido de cabeça para baixo por seus compatriotas para esvaziar a água engolida.

Capítulo 9

A rotina e o preconceito distorcem a visão. Cada homem pensa que seu próprio horizonte é o limite do mundo.

Antigo Provérbio Egípcio

Pouco tempo depois, o exército egípcio reagrupou-se e se colocou em marcha saindo da vista dos inimigos destroçados. Ramsés e seu exército tinham sofrido grandes perdas e se fazia necessário não exibir suas feridas. No caminho, ao finalmente se reunirem com as unidades de Seth e Ptah, avistaram um antigo templo em forma de "H" construído na época de Seti, o pai do faraó. Os hititas haviam se apoderado dele durante uma batalha em que Seti fora derrotado e transformaram-no em um local de adoração dos seus ídolos.

O filho de Seti decidiu reavê-lo e reformá-lo para consagrá-lo em homenagem ao deus Rá, num gesto de agradecimento pela sua vida e a de seus homens. Como o local era protegido por uma fortaleza, o faraó ordenou que seus homens avançassem pelos lados e a cercassem. Travou-se mais uma batalha, porém os egípcios, mais numerosos, em pouco tempo foram vitoriosos. Ramsés tratou logo de exigir que todos os objetos sagrados hititas no interior do templo fossem substituídos por ídolos do seu povo.

Ramsés II atacando a fortaleza hitita

Enquanto o templo era devidamente restaurado, o representante de Rá na terra mostrou a Caio um esboço da construção do templo hitita. O faraó ordenou ao mensageiro divino que calculasse em quanto tempo 8 mil homens encheriam completamente o volume da parte hachurada com areia, sabendo que cada homem conseguiria encher um metro cúbico em uma hora.

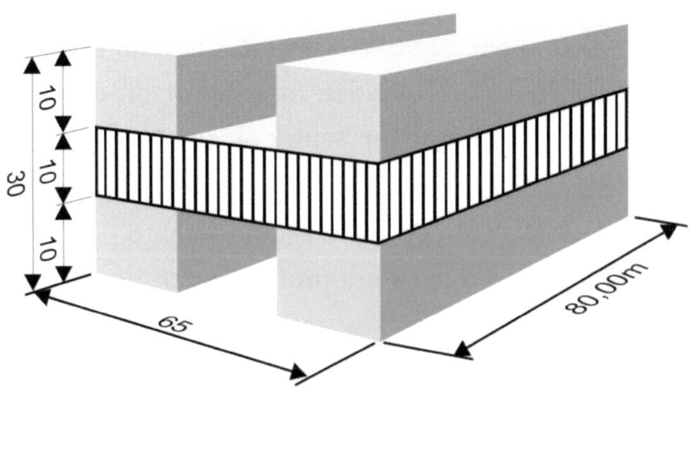

Caio ficou preocupado. Ninguém tinha explicado ainda sobre tempo de enchimento de um volume. "Que faço agora?" pensava Caio sob o olhar aguçado do faraó. "Bom, vou ter que dar um jeito. Não posso desapontar Ramsés. Ele não vai gostar nem um pouco. O que vou fazer?" Caio respirou fundo e começou a resolver.

– O jeito é ir por partes. Um problema pode ser resolvido se o decompusermos em suas partes básicas. Primeiro, tenho que saber o volume da parte que os homens vão encher:

"Volume da parte hachurada = 65m x 80m x 10m = 52.000 m^3.

"Se são 8.000 homens e cada homem faz 1m^3 por hora, então 8.000 homens farão 8.000 m^3 por hora.

"Essa parte já foi. Agora, deixe-me ver... Para calcular o tempo é só dividir 52.000 por 8.000:

$$\text{“Tempo de enchimento} = \frac{52000\ m^3}{8000\ m^3/\text{hora}} = 6{,}5 \text{ horas}$$

"6,5... Essa 0,5 hora... É o mesmo que trinta minutos, melhor dizendo então... O tempo de enchimento é de seis horas e trinta minutos."

– Está indo bem, Ápis! – sorria Ramsés confiante no talento do jovem. – Agora, a mesma parte do templo possui 200 ralos na sua base, sendo que a vazão da areia em cada ralo é de 2 metros cúbicos por minuto. Diga-me, quanto tempo seria necessário para esvaziar esse volume totalmente?

Caio voltou logo a fazer os cálculos em sua tabuinha de argila.

– Se temos 200 ralos e cada um tem uma vazão de 2m^3 por minuto, então para a vazão total eu só tenho que multiplicar esses dois fatores:

"Vazão total = 200 x 2 m³/min = 400 m³/min

"E como o volume da parte a ser esvaziada é de 52.000 m³, para calcular o tempo é só dividir o volume pela vazão:

"Tempo de esvaziamento = $\frac{52000 \text{ m}^3}{400 \text{ m}^3/\text{min}}$ = 130 min

"Ou melhor, se cada hora corresponde a 60 minutos, o tempo de esvaziamento é de duas horas e dez minutos."

– Muito bem. Agora, você deve passar pelo grande teste! – Ramsés exibia uma expressão desafiadora. – No centro do templo há um pedestal sobre o qual colocaremos esta estatueta feita em ouro maciço. Precisamos da sua ajuda para saber o volume e a massa da estatueta.

"E agora, tô frito!" pensou Caio, desesperado, olhando para a estatueta, cujos olhos eram vermelhos e brilhavam como duas chamas e a cabeça tinha a forma de um animal que os egípcios chamavam de orix. "Não tenho a menor ideia de como começar. Como vou saber o volume de um objeto completamente irregular? Uma coisa que não tem nada a ver com aquelas figuras geométricas que a rainha Nefertari me ensinou a calcular o volume. Não dá pra decompor o objeto em figuras geométricas básicas e então fazer somas ou subtrações... Mas no que foi que eu me meti!"

– Algum problema? – estranhou o faraó o rosto tenso do garoto.

– Não, não. É que... – nesse momento Caio ouviu um barulho estranho vindo de trás. Ao se virar, viu o grego com as sandálias molhadas rangendo.

– Mas o que aconteceu? – perguntou Caio, olhando o sábio torcendo a túnica ensopada.

– O que poderia ser? – respondeu o grego visivelmente aborrecido. – Foi Saary.

– Mas, como?

– Temo que os dois grandes sábios acabaram por discutir novamente, não foi isso? – supôs Ramsés.

– Discutir! Ele nem me deu chance desta vez. E tudo isso por causa de uma coisa tão ridícula.

– O que foi desta vez?

– Ora, majestade, eu só queria saber como ele tinha errado tanto nos cálculos ao mandar construir um tanque minúsculo de água para ser usado por um exército e ele acabou me jogando dentro. – o grego ficou a torcer os cabelos. – Olha só como eu fiquei!

– Essa foi ótima – comentou Caio contendo uma risada.

– Que desperdício – balançava Ramsés a cabeça. – Deve ter transbordado tanta água...

– Transbordar! Água! Banho! – destacou Caio as palavras que corriam na sua mente. – Eureka! Eureka! – gritou, dando saltos no ar diante dos dois amigos que ficaram assustados com tamanha reação.

– Mas o que houve? – tentou o grego encharcado controlar o eufórico jovem.

– Já sei a solução! – o rapaz insistia em ficar agitado. – Preciso de um tanque... Água... Tem alguma caixa por aqui?

– Sim, Caio, tem uma logo ali adiante – Caio foi para perto do recipiente indicado pelo grego, que ainda estava confuso –, mas, por Zeus, para que você precisa disso?

– Eu ainda não sei bem, mas eu acho que estou tendo uma ideia.

– Eu entendo – sorriu o faraó, cruzando os braços. – As iluminações divinas sempre surgem quando menos se espera.

Acompanhado por Ramsés e o sábio e sem tempo a perder encheu a caixa com água, em seguida pegou a pesada estatueta e a mergulhou na água devagar.

– Notaram alguma coisa? – questionou Caio.

– Bom, dá para notar que a única coisa que mudou foi que a água subiu um pouco – observou o grego. – Mas, para que serve saber isso?

– Heráclito, eu preciso de sua ajuda.

– Estou a seu dispor.

– Eu preciso das medidas dessa caixa e do quanto a água subiu... Preciso também saber sobre densidade...

– Mas para que tudo isso?

– O faraó me pediu pra calcular o volume e a massa desta estátua de ouro e esta caixa d'água vai me ajudar, mas eu não sei muito sobre densidade dos materiais.

– Eu acho que estou começando a entender... Tudo bem. O que você precisa saber é que 1 dm^3 ou 1 litro de água tem a massa de 1 kilograma enquanto 1 dm^3 de ouro tem a massa de 19,3 kilogramas. Quanto às medidas da caixa... são... Deixe-me ver... – o grego media com a ajuda de uma régua. – Ela tem 6 decímetros por 3 decímetros em sua base e 3 decímetros na altura. Ah, sim, retirando a estatueta, a altura da água na caixa é de 2 decímetros.

– Ótimo! – disse Caio, recolocando a estatueta na água, pegando a régua e medindo a nova altura. – Veja, com a estatueta a água subiu 1 centímetro, ou seja, 0,1 decímetro. Essa água deslocada corresponde ao volume da estatueta. Deste jeito posso calcular o volume de qualquer objeto seja qual for a forma que ele tenha. É, não é? É claro – sorria Caio. O volume da água antes e depois de colocar o objeto é:

"Volume antes = 6 x 3 x 2 = 36 dm^3

"Volume depois = 6 x 3 x 2,1 = 37,8 dm^3

"O volume deslocado é a diferença entre esses dois volumes e isso é o volume da estatueta:

"Volume da estatueta de ouro = 37,8 – 36,0 = 1,8 dm^3

– Brilhante! Divina inspiração. Esta é uma forma genial de calcular o volume de qualquer corpo com formato irregular.

– Mas, tem mais... prosseguiu Caio. Para saber a massa, já que cada dm^3 corresponde a 19,3 quilogramas, é só multiplicar:

"Massa da estatueta = 1,8 dm^3 x 19 quilogramas/dm^3 = 34,2 quilogramas."

– Perfeito! – aplaudia o grego

– Era exatamente o que eu poderia esperar de você, Ápis. – Ramsés mantinha-se impassível.

– Amigo, Caio, pode me esclarecer uma coisa? – o grego, molhado, apoiou-se no rapaz. – De onde veio sua visão da solução? De algum deus grego?

– Como assim?

– Você gritou Eureka e isso é uma palavra grega que significa achei.

– Não, não foi um deus. Eu só me lembrei de uma aula que eu tive com uma professora que gostava de contar muitas histórias. Um dia, ela contou sobre o rei Hieron que havia prometido aos deuses, que o protegeram em suas conquistas, uma coroa de ouro. Entregou, então, certo peso em ouro a um ourives para que este confeccionasse a coroa. Quando o encarregado entregou a encomenda, com o peso igual ao do ouro que havia sido fornecido, o rei, muito desconfiado, achou que ele teria substituído certa porção de ouro por prata. Daí, um sábio chamado Arquimedes[21] foi encarregado, pelo rei, de investigar se essa acusação era, de fato, verdadeira.

– O problema maior para ele certamente seria como descobrir se a coroa era feita de ouro sem estragá-la.

– Isso mesmo. Mas, um tempo depois, enquanto ele estava mergulhado numa banheira, ele observou a elevaçao da água à medida que mergulhava seu corpo, daí notou que poderia resolver o problema. Ele entendeu que se houvesse prata na composição da coroa, mais água seria deslocada, pois com a prata a coroa teria um volume maior para dar o mesmo peso. A minha professora era tão maluquinha que quando ensinou isso subiu na mesa e ficou gritando: Eureka! Eureka!

– Ah! A sua preceptora era grega?

– Não, não. Ela só estava imitando o tal grego Arquimedes. Dizem que ele ficou correndo pela rua nu, gritando essa palavra grega que depois disso ficou famosa.

– De qualquer modo, eu não estava errado – sorria Heráclito orgulhoso.

– Como assim?

– Você não teve a visão enviada por um deus grego. Só precisou mesmo lembrar-se de um divino sábio grego para ter essa visão.

Capítulo 10

O primeiro ensinamento concerne aos "segredos": toda cognição vem de dentro; nós somos, portanto, iniciados somente por nós mesmos, mas o Mestre dá as chaves. O segundo concerne ao "caminho": o investigador tem necessidade de um Mestre para guiá-lo e levantá-lo quando ele cai e para levá-lo de volta ao caminho correto quando ele se perde.

Akhenaton – Faraó, Século 14 a.C

Depois de tudo pronto – a fortaleza, a reforma no templo e, principalmente, a estatueta do deus Seth – a tropa começou a se preparar para retornar ao Egito. Seus familiares certamente os esperavam depois de tanto tempo fora.

Antes de baterem em retirada, Ramsés discursou para seus guerreiros. Disse que eles foram de grande valor, que o deus Rá estava muito satisfeito e que certamente seriam recompensados. Os homens achavam que ainda poderiam lutar, mas o faraó expressou sua gratidão e explicou que agora o final dessa campanha estava nas mãos dos deuses.

Depois de observar do alto de um morro, o faraó deu ordens para que exército egípcio se afastasse de Kadesh. Muwatalli, o rei hitita, aproveitou aquela retirada para se apoderar da fortaleza egípcia abandonada. Ele também ordenou que todos os seus homens entrassem em seu antigo templo e destruíssem os ídolos egípcios.

O rei inimigo vibrava com a visão da destruição, até perceber algo estranho. Enquanto isso, já longe dali, Caio acompanhava o faraó e sua comitiva. Parecia meio desapontado. Estava pensando no quanto havia trabalhado e que tudo estava novamente nas mãos dos hititas.

Ramsés olhou o rosto do rapaz, colocou a mão na cabeça dele e deu um sorriso como se estivesse sabendo de alguma coisa.

– Está pensando que saímos derrotados, que abandonamos as nossas conquistas e deixamos o território livre para os nossos inimigos, não é, meu amigo?

Caio abaixou a cabeça. O faraó completou, falando com uma voz bem irônica.

– Está muito enganado, meu rapaz.

O garoto desconfiou das palavras de Ramsés e perguntou:

– O que está acontecendo?

– Neste momento, nossos inimigos já devem ter conseguido tomar a fortaleza que deixei sem proteção, mas o templo...

Caio estava desconfiado de que estava para ouvir algo revelador e olhou com muita atenção para o faraó.

– Graças a seus cálculos em relação ao peso da estatueta do deus Seth, ao volume daquela parte do templo e as outras questões...

– O que tem aquela estatueta de Seth? – interrompeu bruscamente o garoto que já estava assustado.

– Seth é o deus das tempestades e do mal. Seu espírito encarnava em meu Pai Seti quando ele usava sua fúria ao lutar contra os inimigos do Egito. Neste momento, nosso divino vingador está destruindo nossos inimigos, na forma de uma estatueta. Para eles, Ápis, o Sol, não se levantará amanhã.

Caio não estava entendendo como uma estatueta poderia derrotar um exército. O faraó explicou:

– Aquela estatueta funciona como um contrapeso. No momento em que os nossos adversários a tirarem do lugar, as portas da frente e dos fundos se fecharão e 200 buracos no teto serão abertos, deixando um volume de areia, calculado por você, escorrer até o lugar ficar completamente cheio. Para finalizar, pedi que fosse feita uma grande escultura do deus Rá e hieróglifos nas portas lacradas onde se lê...

Naquele instante, do alto do morro em frente ao templo, o rei hitita tinha sua fisionomia completamente transfigurada em uma expressão de puro terror. Muwatalli estava olhando para o templo, em direção da escultura de Rá, quando percebeu que as portas daquela construção estavam se fechando ainda com todos os seus homens dentro. Ficou um tempo observando, incrédulo, até começar a gritar:

– Nããããooo!!!

Muwatalli ficou transtornado e começou a blasfemar contra

Ramsés. O que antes era um templo, agora tinha se transformado em um terrível mausoléu de onde se podia ouvir gritos de socorro de centenas de homens sendo sufocados pelas areias do deserto.

Ao reparar mais atentamente para a porta, o rei inimigo percebeu que havia algo escrito em egípcio e leu:

"Rá agradece o sacrifício hitita."

Foi o golpe fatal para aquele rei abatido e humilhado.

Durante a viagem de volta para casa, depois de o faraó ter terminado a explicação, Caio demonstrou que estava impressionado com a astúcia do grande estrategista, mas, ao mesmo tempo, parecia que estava aborrecido com toda aquela perda de ambos os lados. Ramsés reparou e falou:

– Como reencarnação de Rá sabe que não peço desculpas por não ter dito quais eram as nossas reais intenções. Como deve saber o segredo era imprescindível, pois os espiões poderiam alertar o inimigo. Você, mensageiro divino, veio ajudar-me no projeto do templo, lembra-se? Você tinha as respostas e eu, a luz de como usá-las.

– O grego não poderia ter ajudado?

– Ninguém pode saber o segredo de como são feitas nossas armadilhas, usadas tanto nas pirâmides como nos túmulos dos soberanos no Vale dos Reis para reforçar a segurança dos tesouros lá guardados.

Caio voltou-se na direção de onde ficava o templo e numa voz baixa comentou:

– Só lamento por eles terem tido esse fim.

– Faz parte da guerra, Ápis. Por hora, devo usar de todo meu poder para defender meu povo, minha terra. Talvez, no futuro, os homens tenham mais visão e escolham o caminho da união.

– Acredita realmente nisso?

– No nosso caso, depois de todo esse sangue derramado, acredito que não teremos escolha a não ser negociar um tratado de paz com os hititas. Agora, anime-se. Logo estaremos no palácio e Nefertari estará lá para nos receber.

– Estou ansioso para ver Seshat.

– Quem?

– A garota que conheci na primeira noite que cheguei. Ela é tão linda, acho que tô gamado nela.

– Meu amigo, não há nenhuma Seshat vivendo no meu palácio.

– Como, não. Você a viu.

– Quando?

– Quando estava com Nefertari, aprendendo sobre volume.

– Eu não a vi.

– Ah, você estava preocupado e não a viu. Ela até me deu esse amuleto.

– Meu amigo, eu não conheço... – Ramsés calou-se ao reparar no amuleto. Os olhos do faraó ficaram surpresos ao ver que a joia tinha um brilho intenso. – Quem deu a você essa joia?

– Eu já disse, foi Seshat. Ela disse que trabalhava pra você.

– Como era essa mulher?

– Ela era morena, tinha cabelos escuros e olhos lindos.

– Sim, mas o que ela usava? – insistiu o faraó num tom de voz tensa. – Que tipo de ornamento ela usava?

– Não sei bem. Acho que era uma túnica com estampa que tinha pintas como a pele de leopardo ou algo que lembrava estrelas. Ela também tinha uma flor que cheirava tão bem que me deixou meio atordoado.

– Uma flor com sete pontas?

– Acho que sim.

– Pelos deuses! É assim que ela é representada. Meu amigo, você a viu! Você a viu!

– Vi quem?

– Você esteve com a verdadeira deusa Seshat.

– Deusa? Como deusa? Ela era uma garota de carne e osso.

– Ela disse o que ela veio fazer aqui?

– Ela me disse que era a que escreve para o faraó e era encarregada dos livros da Casa da Vida.

– Seshat é encarregada em escrever e guardar os livros.

– Viu? Então agora você confirma que ela trabalha pra você.

– Ela é encarregada em escrever e guardar os livros dos deuses. Eu sou um deus na terra.

– Não acredito.

– Não acredita que sou um deus?

– Não acredito que ela era imortal.

– Alguém a viu além de você?

– Bom, ela estava na comitiva da rainha e depois na sala...

– Agora tenho certeza. Eu vi a comitiva e não havia nenhuma mulher com essa descrição. – Ramsés ergueu as mãos. – Você realmente é um mensageiro dos deuses. Só você viu a deusa que reencarnou para ajudá-lo.

– Não pode ser.

– Veja você mesmo. – o faraó pediu a um dos homens que trouxessem uma caixa. Ao abrir, o faraó mostrou vários papiros que continham o desenho de Seshat.

– Não pode ser. É ela. Mas como! Ela chegou a me beijar.

– Foi tocado pela deusa? Que honra!

– Fui tocado por uma bibliotecária dos deuses?

– Seshat é a deusa mais antiga presente no panteão. O seu nome Seshat significa "a que escreve". É a "Senhora dos Livros" – o faraó mostrou mais alguns pergaminhos contendo vários cálculos e desenhos de prédios. – No entanto, há tempos, ela iniciou o ato ritual de "esticar a corda". Neste ritual mágico se acredita que a deusa, através de um sacerdote, ajuda nos cálculos necessários à construção de um novo templo. Ela é "Senhora dos Construtores", por ter grandes poderes de estudar o céu e as estrelas e ser a única a revelar os segredos da matemática aos mortais.

– Da matemática! Não pode ser! Ela era tão linda! – Caio não conseguia acreditar.

– Foi agraciado – sorriu o faraó. – Você é realmente um ser divino.

– Com tanta deusa aqui no Egito e eu tinha que me apaixonar justamente pela deusa da matemática. Pra mim, a matemática sempre foi um bicho de sete cabeças.

– Uma fera e uma bela deusa, a forma como vemos a Matemática é a soma dessas duas imagens. Primeiro ficamos assustados com um problema depois ficamos encantados com a beleza da solução.

Caio refletia sobre aquela conversa. Lembrou como vibrou quando solucionou o problema, usando o tanque. Sua mente foi resgatando a frase da deusa. *"Seu pensamento flui, mensageiro, e das águas das ideias emerge a solução."*

Capítulo 11

Conhece o mundo em você mesmo. Jamais busque você mesmo no mundo, pois isto seria projetar sua ilusão.

Antigo Provérbio Egípcio

O regresso do exército quase dizimado ao Egito foi celebrado com uma grande festa. O faraó foi homenageado como o próprio deus na terra e Caio como um grande herói. As celebrações duraram dias. Todos aproveitaram para levar oferendas aos templos, mas Caio era o único que se sentia solitário por não mais encontrar sua deusa.

Acompanhado de Saary, Heráclito e Caio, Ramsés viajou para uma região chamada Abu Simbel[22]. O soberano queria mostrar a grande obra que estava em fase de planejamento. Nesse local estavam para ser construídos, num penhasco voltado para o rio Nilo, dois grandes templos. O templo maior seria dedicado por Ramsés II aos principais deuses das cidades de Heliópolis, Mênfis e Tebas. O templo menor seria dedicado à Nefertari e à deusa Hator. Ao entrarem numa oficina encontraram centenas de artesãos e escultores trabalhando em alguns esboços de baixo-relevo.

– Um baixo-relevo é um conjunto de desenhos e escritas entalhadas na parede.

– Antigamente – cortou Heráclito a explicação de Saary. – os faraós, como o pai de Ramsés, faziam as imagens em alto-relevo, mas o nosso grande faraó sabiamente passou a usar o baixo-relevo.

– E qual é a vantagem de fazer em baixo-relevo? – ficou Caio curioso, reparando em um dos trabalhos feitos numa pedra ali por perto.

– Ora, meu amigo – respondeu Saary –, sua execução é mais rápida.

– Verdade! – tomou o sábio grego a palavra novamente. – É mais rápido de ser executado que o alto-relevo e mais difícil de ser apagado. Isso facilita muito a divulgação do nome do faraó e de seus feitos. Também é muito favorável para abolir os vestígios dos faraós anteriores, apagando os altos-relevos por eles feitos.

– Não – rebateu o arquiteto. – Usamos o alto-relevo, pois os raios de sol, quando posicionados em certo período do ano, reanimarão todas essas cenas da batalha sangrenta.

– Se é essa a sua explicação... – sorriu ironicamente o grego, afastando-se. Saary, com ar de satisfeito, aproveitou para prosseguir com a explicação a Caio.

– Neste baixo-relevo vamos aproveitar para retratar os feitos da batalha de Kadesh com todos os detalhes e narrativas do nosso poeta da corte sobre como o Grande Ramsés, sozinho, como um deus, obteve sua grandiosa vitória.

– Grandiosa? – espantou-se Caio. – Mas por pouco a gente não virou pó! E que negócio de sozinho, hein?

– E em sua homenagem, Ápis – interrompeu o faraó, bruscamente –, haverá um desenho especial dos seus feitos, pois sua participação na campanha foi sem igual.

– Agora, rapaz – disse Saary, colocando o braço nos ombros de Caio –, com os conhecimentos obtidos, você até poderia ajudar nos cálculos desses outros templos, não é?

Caio estava confuso com toda aquela propaganda faraônica. Todos pareciam aceitar com naturalidade os relatos exagerados e sempre favoráveis ao faraó. Inconformado, tratou de se retirar sem que ninguém percebesse. Depois de horas andando perto do rio, acabou encontrando Heráclito que estava pensativo, contemplando as águas. O grego notou a presença do rapaz, mas permaneceu entretido em sua meditação. Os dois ficaram apreciando a paisagem até que o sábio quebrou o silêncio e comentou:

– Não se pode entrar duas vezes no mesmo rio, pois novas águas estão sempre fluindo[23]. Todas as coisas estão em constante fluxo – o grego reparou na fisionomia de Caio que parecia confuso e finalizou: – incluindo você, meu amigo. Você está mudando, Caio. Está crescendo, na verdadeira essência da palavra.

– Ainda tenho tantas dúvidas. Sou só um garoto. Como vou voltar pra casa? Você disse que estou crescendo, mas eu não sinto nada de diferente, Heráclito.

– Não precisa sentir, rapaz. O tempo é seu aliado e com ele você se descobrirá. Nunca se esqueça disso durante sua jornada.

Capítulo 12

O verdadeiro ensino não é uma acumulação de conhecimento; é um despertar de consciência que percorre estágios sucessivos

Antigo Provérbio Egípcio

Chegou o dia do ponto alto das celebrações e Ramsés e Nefertari estavam no palácio com todos os amigos reunidos. O casal real estava sentado em seus tronos. Ele usava a coroa de Amon, deus correspondente a Rá em Tebas, identificável pelas suas duas altas plumas brancas, enquanto ela exibia a coroa branca de Mout, a deusa-mãe.

Durante a apresentação de algumas dançarinas, Ramsés pediu para Caio se aproximar dele e da rainha, em frente aos tronos. O faraó se levantou e ordenou que todos prestassem atenção. Andou até Caio e discursou em voz alta:

– Meu amigo Ápis, chegou o término da sua missão! Espero que os ensinamentos tenham sido prazerosos como a sua companhia. Como foi ordenado pelos deuses, devo agora revelar ao meu amigo sobre o nosso maior tesouro.

Fez-se silêncio. Todos os presentes estavam ansiosos pela grande revelação. Ramsés olhou fixamente para Caio e continuou:

– Nós, os egípcios, sabemos há muito tempo que nossa civilização tão próspera um dia conhecerá o esquecimento. Nossos deuses morrerão, nossa cultura desaparecerá nas areias do deserto juntamente com nossos templos e pirâmides cheios de riquezas. No entanto, sabemos que o nosso maior tesouro será eterno. O maior tesouro é... – o silêncio tomou conta do recinto, deixando a todos ansiosos pela revelação. Ramsés sorriu e num tom alto virou-se para os presentes. – O maior tesouro que temos é o livro! Este objeto tão mágico que preservará a nossa sabedoria para os filhos do amanhã. As histórias contidas nele durarão muito tempo depois de nós. Basta que sejam postas em murais ou algum tipo de papiro e que suas letras mortas sejam ressuscitadas por olhos que saibam ler. – Ramsés fixou-se em Caio que se mantinha atento. – Você, Ápis, e eu, Ramsés, o filho da luz, agora fazemos parte da História, de um desses capítulos do livro, para todo o sempre. Que Maât esteja sempre com você, dando força e equilíbrio para que possa tomar decisões baseadas no poder da justiça, meu grande amigo, e...

Surgiu uma luz azulada suave que começou a envolver Caio e, lentamente, o garoto foi desaparecendo perante todos ali presentes. Ramsés, sem hesitar, completou:

– E que Rá o ilumine em todos os momentos de sua viagem.

Acima, um baixo-relevo encontrado em um antigo templo, com Ramsés II segurando prisioneiros pelos cabelos, demonstrando assim a submissão dos inimigos estrangeiros. Os estudiosos do Antigo Egito nunca conseguiram decifrar quem é a figura estranha atrás de Ramsés II.

NOTAS DA AUTORA

1. RAMSÉS II

Reinou no Egito de 1279 a 1213 a.C. Considerado o maior de todos os faraós egípcios, foi o terceiro governante da XIX Dinastia, filho de Seti I e neto de Ramsés I. Ficou famoso pelas construções de obras colossais e pela batalha de Kadesh. Seus principais inimigos foram os hititas; com eles assinou um tratado, segundo o qual as terras em litígio se dividiam entre as partes.

2. RÁ

Na mitologia egípcia, é o deus do Sol representado por um corpo humano com cabeça de falcão. Era considerado o criador e regente do Universo, cujos principais símbolos eram o disco solar e o obelisco.

3. SAARY

Personagem egípcio criado pela autora. As brigas entre esse egípcio e o grego Heráclito são uma maneira de narrar a rivalidade dessas duas antigas culturas.

4. SETI I

Reinou de 1290 a 1279 a.C. Foi o segundo governante da XIX dinastia, filho e sucessor do faraó Ramsés I. Nos últimos anos de seu reinado conquistou a Palestina, combateu os líbios na fronteira ocidental e lutou contra os hititas.

5. HERÁCLITO

Esse personagem é inspirado em Heráclito de Éfeso, que viveu cerca de 750 anos depois (535 a 475 a.C.), um grande filósofo grego.

6. “O tempo é um jovem jogando damas, o poder supremo é o de um jovem.”

Esta frase foi inspirada na frase de Heráclito de Éfeso: “o tempo é uma criança jogando damas, o poder supremo é o de uma criança”, na qual o filósofo resume sua visão sobre o tempo ser contínuo, sem distinção entre passado, presente e futuro, brincando com uma totalidade que ultrapassa a racionalidade lógica.

7. ZEUS

Esse deus grego era um pai, no sentido de proteger e ser o soberano, tanto da raça humana como do monte Olimpo, onde se reuniam os outros deuses. Corresponde ao deus romano Júpiter.

8. METRO

O sistema métrico decimal de unidades físicas foi adotado na década de 1790 durante a Revolução Francesa.

Assim como os ideais da Revolução, o metro representou uma tentativa de se implantar um padrão que pudesse ser usado por todos os homens, sem distinção.

9. “Liberté, Egalité, Fraternité” (Liberdade, Igualdade, Fraternidade).

Essas palavras formulavam a base da Revolução Francesa, processo social e político ocorrido na França entre 1789 e 1799, cujas principais consequências foram a queda do rei Luís XVI, a abolição da monarquia e a instauração da República por alguns anos.

10. π

Tanto os babilônios como os egípcios tinham a álgebra, a geometria e a astronomia como instrumentos para auxiliá-los no dia a dia. Porém, foram os gregos que, a partir de aproximadamente 450 a.C., deram um grande impulso à evolução da matemática, organizando-a na forma de teorias.

Os gregos davam mais importância à geometria, e esta servia de base a todas as outras ciências. Tornaram o valor de π (Pi) um pouco menos inexato: 3,1416. Hoje, a letra π (pi) representa esse número irracional, que é determinado com uma aproximação de várias dezenas de casas decimais. Seu nome só tem cerca de 200 anos e foi tirado da primeira sílaba da palavra grega peripheria, que significa circunferência.

11. "O aprendizado de muitas coisas não ensina a compreensão."

Na verdade, este é um conceito formulado por Heráclito de Éfeso.

12. ÍSIS

Esposa e irmã de Osíris, tornou-se a deusa mais venerada em todo o Antigo Egito. Possuía o dom de curar e ressuscitar os mortos, além de transformar simples metais em ouro. Considerada guardiã dos deuses, protetora das crianças e detentora de toda a sabedoria do Universo. Quando Osíris foi assassinado pelo seu irmão Seth, ela o ressuscitou e também concebeu um filho, o deus Hórus. Osíris se tornou o deus dos mortos. Hórus, representante do Bem, ficou eternamente em combate contra Seth, a personificação do Mal.

13. AMON

Em egípcio significa: "oculto". Originariamente um deus tebano das forças reprodutoras, representado na forma de um carneiro. Amon, sua mulher Mout (em egípcio: a mãe) e seu filho, o deus da lua, Khonsu (em egípcio: atravessar o céu), formavam a trilogia divina de Tebas. Posteriormente foi identificado como o deus sol Rá de Heliópolis e foi chamado Amon-Rá (pai dos deuses, criador do gênero humano, o senhor de tudo o que existe)

14. NEFERTARI.

Além de rainha e esposa favorita de Ramsés II, foi uma das grandes mulheres na história do Egito. Apoiava seu marido soberano nas grandes decisões e também, como as egípcias da época, tinha independência financeira e social. Ramsés II teve oito esposas durante seu reinado, mas foi para ela que construiu um templo na cidade de Abu Simbel e também uma câmara funerária em Luxor, uma das mais ricamente decoradas.

15. OSÍRIS

Primeiro filho de Nut (deusa do céu) e Geb (deus da terra), os deuses que deram origem ao Egito. Osíris tem uma pele escura e é de grande estatura. Rá deixou o seu trono suntuoso do Egito para Osíris, que desposou a sua irmã Ísis. E do palácio em Tebas, eles governam os egípcios. Em suas mãos, Osíris leva o cetro e o enxota-moscas, insígnias da realeza. Ele é considerado o deus do mundo vegetal, e suas cores são a preta, que representa o renascimento, e o verde, que representa a fecundidade e a vegetação. O trigo, a vinha e a cevada foram uma dádiva de Osíris para a população, pois ele indicou aos homens as plantas que serviam para a sua subsistência.

16. HITITAS

Antigo povo da Ásia Menor e Oriente Médio, que habitou a terra de Hatti no planalto central, atual Anatólia (Turquia) e algumas regiões do norte da Síria. Os hititas, cuja origem é desconhecida, falavam uma das línguas indo-europeias e se autodenominavam de Hatti. A capital era Hattusa.

17. PTAH

Divindade da cidade de Mênfis, criador do mundo e das artes, associado aos artesãos. Representado com o corpo mumificado.

18. SETH

Filho de Geb e de Nut, os deuses que criaram o mundo, Seth é um deus muito complicado e perigoso. Na barca de Rá ele trespassa com sua lança os inimigos do Sol. Na lenda de Osíris, se torna o assassino do próprio irmão e combate Hórus. É o Senhor do Alto Egito, aparece representado por um animal imaginário e está diretamente associado às tempestades.

19. MAÂT

É a representação do equilíbrio e da harmonia do Universo, como foi concebido. É a deusa da verdade, da justiça, do respeito ao próximo e às leis. É ela quem rege os tribunais e é representada como uma mulher que traz na cabeça uma pluma de avestruz.

20. MUWATALLI

Rei hitita de 1310 a 1269 a.C. Fez ressurgir a luta pela conquista da Síria e liderou um grande choque entre hititas e egípcios na batalha de Kadesh. Mesmo com a área sob domínio hitita, o faraó Ramsés II proclamou-se vitorioso. A batalha foi representada nos famosos relevos dos templos egípcios de Karnak e Abu Simbel. Os reis hititas atuavam também como sumos sacerdotes, chefes militares e juízes principais da terra.

21. ARQUIMEDES

Nascido em Siracusa, viveu de 287 a 212 a.C. Filho do astrônomo Fídias, foi o maior cientista e matemático da antiguidade. Fez descobertas importantes na matemática, como por exemplo um método para calcular o número π (razão entre o comprimento de uma circunferência e seu diâmetro). Descobriu o princípio da alavanca e a ele é atribuída a citação: "Dêem-me uma alavanca e um ponto de apoio e eu moverei o mundo. Morreu após a tomada de Siracusa pelo romanos durante a Segunda Guerra Púnica

22. ABU SIMBEL

Local de dois templos às margens do rio Nilo, ao sul de Assuã, no norte do Egito. Os templos foram construídos num penhasco de pedra arenosa, aproximadamente no ano de 1250 a.C., durante o reinado de Ramsés II. O templo maior foi dedicado por Ramsés II aos principais deuses das cidades de Heliópolis, Mênfis e Tebas. O templo menor foi dedicado à Nefertari e à deusa Hator.

23 "Não se pode entrar duas vezes no mesmo rio, pois novas águas estão sempre fluindo."

Essa frase reflete o pensamento mais marcante de Heráclito de Éfeso, onde ele conclui que a nossa existência consiste na eterna mudança do ser vivo e de tudo que o cerca.

MEMÓRIAS DE RAMSÉS II

Sou User-Maat-Re Setep-en-Re; este é meu nome dinástico que significa, a justiça de Rá, escolhido de Rá, o filho da luz. Mas vocês mortais conhecem-me por Ramsés II, o maior faraó que o Egito já *teve. Governei por quase 67 anos: nenhum governante do alto e baixo Egito durou tanto tempo. Fui o grande construtor e o maior de todos os bravos lutadores. Fiquei ainda mais famoso por causa da grande batalha de Kadesh.*

Como soberano egípcio tinha a obrigação de tomar posse da terra usurpada pelo meu inimigo, o império Hitita. Kadesh estava sempre sendo contestada, pois se encontrava na fronteira entre os dois impérios. Lá passavam as rotas mercantis para o Oriente. Essa região na Síria, desde o faraó monoteísta Akhenaton, sofria com as tomadas de posse dos hititas e as nossas retomadas. Quem não lutaria por essa terra riquíssima?

No reinado do meu pai, Seti I, conseguimos tomar a cidade de Kadesh por um breve período, mas os inimigos a recuperaram logo que retornamos ao Egito. Antes de meu pai seguir viagem junto ao deus Osíris, jurei retomá-la em definitivo.

Muito cedo eu adquiri experiência em liderar um exército, pois ao completar 10 anos de idade fui nomeado como comandante-chefe dos exércitos do meu pai e aos 14 anos recebi permissão para participar ao lado dele em combates na Líbia.

No quinto ano de meu reinado, decidi que era o momento de cumprir minha promessa e procurei estudar uma estratégia eficaz para utilizar o meu imenso exército de 20 mil homens, dividido em quatro partes, cada um com o nome de um deus: Amon, Rá, Ptah e Seth.

Durante a batalha, a juventude e a minha vontade sem limite cegaram o meu bom senso. Acreditando nas palavras de dois espiões com relação à localização do exército opositor, adiantei-me liderando a unidade de Amon e afastei-me das outras unidades. Rá não estava conosco nesse momento crucial, pois depois de prepararmos o acampamento, soubemos que os hititas, comandado pelo rei Muwatalli, estavam perto e em maior número. Cerca de 40 mil guerreiros estavam escondidos a poucos quilômetros de nossa posição. Como um raio, eles surpreenderam a unidade Rá que estava se aproximando de nossa posição. Os homens que estavam guiando bigas se assustaram e rumaram em nossa direção seguidos pelos nossos inimigos, que estavam também nesse tipo de carruagem, porém estas eram mais pesadas e deram tempo para que os nossos companheiros nos alcançassem. Foi terrível! Meus olhos não podiam acreditar ao ver que os cavalos que puxavam as bigas acabaram por nos atropelar. Os hititas chegaram e, em vez de aproveitarem a grande chance de nos aniquilar, foram atiçados pela visão de nosso ouro que estava espalhado pelas grandes tendas. Foi a chance que os nossos deuses ofertaram. Aproveitei sem demora e reuni os arqueiros fora do acampamento e ordenei que atirassem em direção aos saqueadores que fugiram em disparada. O rei hitita logo que viu a perda enviou reforços que atravessaram o rio Orontes, frente à fortaleza de Kadesh. Estávamos em luta, desesperados, tudo poderia acontecer. Mas, graças à pronta chegada dos reforços que acompanhavam as forças prin-

cipais por outra rota, consegui salvar a batalha, reorganizando as divisões e fazendo os hititas recuarem. Nada se compara à tragédia daquele dia. Milhares de homens perderam suas vidas, de ambos os lados, os hititas afogados, enquanto tentavam fugir, afundados pela aglomeração descontrolada de homens e montarias em fuga.

Dizem que a batalha de Kadesh não teve vencido ou vencedor, que o norte da Síria continuou sob o domínio hitita e que por pouco não perdi a batalha. Quem teria dito tal calúnia?

O tratado de paz definitivo entre nosso glorioso império e os hititas só foi concluído no 21° ano do meu reinado, quando o império adversário já tinha mudado para as mãos traiçoeiras de Hattusil III, irmão de Muwattali, que se apoderou do trono expulsando o filho do antigo soberano. Pelo que posso ver, daqui da imortalidade, esse tratado foi o primeiro e um dos mais detalhados de que se tem conhecimento na História, um belo exemplo de pacto que ultrapassou em sabedoria política aos muitos concebidos pelas nações e superpotências dos dias de hoje. Devido a uma das cláusulas, tive que desposar a filha mais velha do astuto usurpador para selar a nova amizade. Para mim, não foi sacrifício algum, mas nessa época, eu já tinha como esposa, além da bela Nefertari, a minha segunda esposa Istnofret, fora as mulheres do harém.

Após a batalha tratei logo de me promover. Foi elaborado um relato dramático sobre a batalha de Kadesh – exaltando a minha coragem e a intervenção de Amon-Rá para me defender. Para vocês, mortais, terem uma ideia, tal relato foi amplamente divulgado em vários lugares (só no templo de Luxor aparece 3 vezes). Tive o cuidado de deixar narrativas em várias cópias em papiro (uma das versões foi traduzida por um escriba que deu o seguinte nome à composição: "poema de Pentaur").

Para perpetuar essa minha maravilhosa "propaganda" maciça, ordenei pessoalmente que fossem também feitas descrições da batalha nos templos em Abu Simbel, que significa "a montanha pura".

Durante a construção dos dois templos em Abu Simbel , o Grande Templo, em homenagem a minha figura divina, e o Pequeno Templo, para a minha adorável esposa Nefertari, centenas de operários tiveram de esculpir todo o templo na rocha de uma colina de arenito, uma tarefa admirável, porque qualquer erro grave causaria o afundamento de toda a obra.

Desenhistas ficaram pendurados por andaimes para desenharem na rocha. Depois vieram os escavadores e esculpiram quatro estátuas colossais de minha imagem. O santuário interno escavado em uma sólida rocha, prolongando-se por uma profundidade de 55 metros, era o lugar mais sagrado do Grande Templo.

Nele, há quatro estátuas sentadas lado a lado, eu acompanhado por três deuses. Duas vezes por ano, graças aos perfeitos cálculos do meu arquiteto, nos solstícios de verão, época da colheita, à medida que o Sol se levanta, seus raios brilham pelas paredes decoradas com as façanhas sangrentas da batalha de Kadesh e iluminam as nossas estátuas divinas. A construção levou 20 anos e valeu cada grama de ouro.

Construí também outros templos afastados de qualquer cidade egípcia, mas que cruzavam o caminho dos estrangeiros. Os templos ficam perto da margem do Nilo, ou seja, quem subir o Nilo irá ver as estátuas colossais de minha divina figura, Ramsés II, o Grande, em seu trono. Sim, criei esses templos e outras obras como uma "propaganda" faraônica de meu poder, mas também para alertar a todos que entrassem no meu Egito: Cuidado! Você está em nossa terra rica, habitada por um povo obstinado, governado por um grande faraó, reencarnação de Rá!

Cada templo possuía o seu sacerdote designado por mim, que representava o rei nas cerimônias religiosas cotidianas. Em tese, o faraó deveria ser o único celebrante das cerimônias religiosas diárias que se desenrolavam nos diversos templos espalhados por todo o Egito. Na prática, o grão-

sacerdote também exercia esse papel. Para alcançar essa posição, tornava-se necessário uma longa educação nas artes e nas ciências, tal como eu possuía. Leitura, escrita, engenharia, aritmética, geometria, astronomia, medição de espaços e cálculo do tempo pela ascensão e ocaso das estrelas faziam parte de tal aprendizado. Os sacerdotes de Heliópolis, por exemplo, tornaram-se guardiães dos conhecimentos sagrados e ganharam a reputação de sábios.

Com o templo de Abu Simbel concluído, então, levei minha amada esposa para admirá-los. Eu e Nefertari éramos mais que marido e mulher, ela era a minha companheira inseparável, que me ajudava a governar.

Mas, para o meu desespero, ela morreu pouco depois. Para a minha Nefertari construí um dos mais lindos túmulos do Egito no Vale das Rainhas. E não deixei por menos para os meus filhos, construindo um dos maiores túmulos do Egito no Vale dos Reis. Com minha querida esposa em outro mundo e com o passar dos pesados anos mudei completamente meu jeito de governar. Parei de acompanhar meu exército em batalhas e passei a me dedicar a construir obras colossais. Passei o comando aos príncipes Ramsés e Khaemwaset, mas ambos morreram antes de mim tal como pelo menos dez dos meus outros filhos. Assim exigiram os deuses. Nessa ocasião, Merneptah, o meu filho mais novo com Istnofret, herdou o trono.

Juntei-me ao deus dos mortos, Osíris, com aproximadamente 90 anos, após ter gerado pelo menos 90 filhos. Quando estudaram a minha múmia, os mortais viram grandes problemas com meus dentes. Pode ser que eu tenha deixado o mundo mortal devido a uma grave infecção dentária. Isso explica porque nos meus últimos dias sofri tanto.

Deixei um grande legado e disso me orgulho muito. Minhas obras colossais, meu nome, minhas palavras e até minha múmia... Tudo isso me deu uma passagem para a vida eterna. Jamais serei esquecido enquanto os mortais ecoarem meu nome por todos os cantos do meu império e desses outros que agora vejo espalhados pelos quatro cantos da Terra. Mas, para mim, agora, o mais importante de tudo é que estou novamente com a minha Nefertari e desta vez felizes para sempre, sem dúvida.

Agora que já confessei a verdadeira história, só me resta deixá-los com suas vidas tão curtas, porém por demais preciosas.

Que Maât trilhe a justiça regida pela razão e benevolência. Mas se em algum momento se sentirem perdidos, não esqueçam: a luz de Toth, o deus da escrita, sempre estará ao alcance dos seres que estiverem abertos a novos conhecimentos. Que a luz de Rá os acompanhe, mortais, pelos dias que se seguirão.

CURIOSIDADES DO ANTIGO EGITO

Astronomia – Foi a mais importante das ciências desenvolvidas pelos egípcios. Impulsionados pela necessidade de medir o tempo do início e do fim das cheias do Nilo, para isso eles fizeram um calendário, que dividia o ano em 365 dias e três estações : Cheias (akhet); Semeio (pert) e Colheita (shemu). Inventaram o relógio de sol, o de água e os obeliscos. Traçaram mapas celestes, situaram os pontos cardeais e muito mais. As pirâmides eram alinhadas ao pólo norte usando duas estrelas como referência. A descoberta foi feita por egiptólogos britânicos, que decidiram usá-la para confirmar com precisão quando as pirâmides foram construídas. Mas por que tinham todo esse trabalho? Os antigos egípcios estavam interessados nas estrelas no céu do Círculo Polar que para eles eram 'As Indestrutíveis'". Com isso, essas estrelas se tornaram associadas com a Eternidade. Depois da morte, o rei esperava juntar-se às estrelas do céu do Círculo Polar e as pirâmides eram o início da jornada feito por um barco. Foi por essa razão que as pirâmides foram devidamente alinhadas.

Matemática – Os conhecimentos de que dispomos da aritmética egípcia provêm praticamente de um documento conhecido como o papiro Ahmes que possui 80 problemas de matemática. Esse papiro data de 1650 a.C. mas há evidências de que os métodos ali exemplificados seriam muito mais antigos. O papiro Ahmes foi comprado em 1.858 por um antiquário escocês chamado Henry Rhind. Por isso é conhecido também como Papiro de Rhind. Atualmente encontra-se no British Museum, de Londres. O papiro Rhind descreve os métodos de multiplicação e divisão dos egípcios, o uso que faziam das frações unitárias. Mostra também problema da determinação da área de um círculo e muitas aplicações da matemática a problemas práticos. Os egípcios lançaram os fundamentos da Aritmética e da Geometria. Inventaram a soma, a subtração e a divisão, sem nem um tipo de símbolo para representar o zero, e constituíram o sistema decimal. Usavam um método de multiplicação de modo diferente de como operamos hoje. A matemática era usada principalmente na construção dos templos, pirâmides e outras grandes obras, como os diques e as barragens, que impediam as cheias do Nilo. Foram as mesmas cheias desse rio que levaram os egípcios a desenvolverem a geometria, que servia para dividir as terras, pois quando as águas baixavam e as divisões das propriedades sumiam era necessário reconhecê-las novamente. Eles sabiam medir áreas de triângulos, retângulos e hexágonos, e o volume de cilindros e pirâmides. Como se vê, todas as forças da natureza sempre estiveram muito presentes na vida dos egípcios, e isto mostra porque eles as idolatravam tanto, dando muito poder para quem as propagassem como divinas (sacerdotes e faraós), e criaram uma cultura em torno delas, fazendo com que um povo inteiro vivesse para elas.

Construções – As grandes pirâmides, a esfinge e as estátuas no Vale dos Reis estão entre as estruturas mais belas e aprimoradas da Antiguidade. Isso se deve apenas de instrumentos simples, mais com uma técnica astuta. As construções em rocha e a precisão nos cortes mostram os conhecimentos geológicos avançados dessa civilização. Eles já sabiam que a dureza das rochas variava conforme sua composição mineralógica e que elas tinham pontos frágeis em sua estrutura, por meio dos quais se aplicavam as técnicas de corte. Nas fissuras eram introduzidos instrumentos de madeira, posteriormente molhados. Expandidos, eles forçavam a quebra da rocha no ponto desejado. Outra técnica era o uso do fogo por um determinado tempo sobre a pedra e logo em seguida jogar água. Com o súbito esfriamento era mais fácil corta as pedras. A estrutura de dutos e calhas também era montada no campo, para evitar deslizamentos de terra e inundação de áreas férteis pela chuva que escorria das encostas. A primeira barragem pluvial de que se tem notícia data do final da Segunda Dinastia (2750 a.C.). Tinha 10 metros de altura e 1,5 quilômetro de extensão. Cedeu numa tempestade quando estava em fase final de construção.

Greves – Com tanto trabalho por fazer, é claro que vieram as primeiras organizações de trabalhadores. Ou seja, o Antigo Egito também teve de enfrentar greves. O registro mais remoto de uma paralisação desse tipo aconteceu no Novo Império (entre 1570 e 1070 a.C.). Era o final do reinado de Ramsés III. O Egito estava frágil devido à situação econômica. Os trabalhadores que construíam sua tumba decidiram cruzar os braços por não receber no prazo combinado comida, roupas, óleo e maquiagem que usavam para trabalhar. Maquiagem? A maquiagem em volta dos olhos servia como óculos escuros e o óleo protegia a pele dos efeitos do sol. Como alguém agüentaria trabalhar no sol sem esse kit de sobrevivência? O sacerdote negociou com os grevistas, mas o patrão-faraó não conseguiu cumprir a promessa. Pedreiros, cinzeladores, pintores, carpinteiros, marceneiros, mumificadores, guardas e artesãos de todos os tipos cruzaram os braços novamente e dessa vez ocuparam o templo – o Ramesseum – templo funerário do faraó Ramsés II. A ocupação foi feita de forma ordenada e somente foi resolvida temporariamente após os operários solicitarem a intervenção do próprio faraó e do vizir, como destaca o texto do

Papiro Harris. A solução definitiva somente ocorreu quando houve o pagamento dos sacos de cereal atrasado e um adiantamento de cinqüenta sacos, devidamente retirados pelo Estado das ofertas feitas no mesmo Ramesseum invadido anteriormente, visto que os celeiros egípcios continuavam passando por um período de carestia.

Medicina – Os egípcios praticavam operações delicadas, incluindo a perfuração do crânio a fim de diminuir a pressão no cérebro, conheciam uma grande variedade de doenças e, além disso, conheciam a importância do coração. Substâncias como óleo de rícino, ácido acetilsalicílico, própolis para cicatrização, aspirinas e anestésicos já eram conhecidas.

A religião deu uma grande ajuda às descobertas médicas. Como eles acreditavam que para alcançar a vida eterna a alma de seus mortos precisava de um corpo, desenvolveram a mumificação. Na verdade, é um conjunto de procedimentos químicos que visava a preservação dos corpos. Para a perfeita mumificação era necessário desidratar o corpo e a retirada cirúrgica de alguns órgãos. Em alguns casos, eles eram tratados e recolocados no lugar ou guardados em urnas específicas junto ao corpo. Com esses processos os egípcios avançaram muito no estudo da anatomia Embora com tudo isso, os egípcios ainda acreditavam que o coração comandava nossos pensamentos. Um dos melhores exemplos de seus avanços é o conhecimento sobre o sistema circulatório. O corpo de Ramsés II teve suas veias e artérias retiradas, mumificadas e recolocadas. Técnicas de tomar o pulso do paciente como forma de avaliar sua saúde é descrito no papiro Ebers, datado de 1550 a.C., certamente um dos primeiros livros de medicina do mundo. O conhecimento médico era considerado sagrado. No Egito, a intensa documentação sobre os procedimentos médicos permitiu que esse conhecimento fosse passado com maior exatidão.

O conhecimento da circulação sanguínea é responsável por um

costume que persiste até hoje: o uso da aliança de casamento. Para os egípcios, do coração partiam veias que o ligavam diretamente a cada um dos membros. Na mão esquerda, essa veia terminava no dedo anular. Acreditando que o coração era o centro de tudo e que ele está ligeiramente deslocado para o lado esquerdo do peito, os casais passaram a colocar uma fita no dedo anular esquerdo como forma de prender o coração do amado. O ritual da fita foi substituída por um aro de metal e, para mostrar melhor status, veio o uso do ouro.

As primeiras descrições do processo de mumificação indicam que o cérebro era retirado pelo nariz e jogado fora junto com o conteúdo dos intestinos dos mortos. Há descrições completas de procedimentos cirúrgicos intracranianos em papiros do século 15 a.C. E grande detalhe: os operários que empurravam pedras monumentais para construir as pirâmides possuíam uma espécie de plano de saúde. Escavações na Cidade dos Trabalhadores – um conjunto de casas encontrado na planície de Gizé, à sombra da grande pirâmide, revelaram múmias com até 4.500 anos que receberam tratamento médico. Alguns corpos apresentavam marcas de fraturas consolidadas, membros amputados e até cirurgias cerebrais. Eram pessoas comuns que se curaram logo para voltar ao trabalho. Outra fantástica descoberta é sobre os "instrumentos cirurgicos" encontrados que datam de algo aproximadamente 3000 anos atrás, entre os quais havia um bisturi de obsidiana. Atualmente, os mais usados são os de aço cirúrgico, porém, depois dessa descoberta, aos poucos, tem crescido o número de cirurgiões que optam pelo uso do bisturi de obsidiana, pois ele é mais liso, corta melhor e danifica menos as células.

Escrita – Inicialmente denominada hieroglífica, era composta de pequenas figuras que representavam as coisas. Essa era a escrita sagrada, que se encontrava nos túmulos e templos. Posteriormente ela foi simplificada, dando origem à escrita hierática, que era usada pelos sacerdotes nos textos sagrados. E ainda surgiu uma terceira escrita, muito mais simples, usada pelos escribas e pela população em geral. Os hieróglifos foram decifrados por um francês chamado Champollion. Entender sinais tão complicados só não era mais difícil do que descobrir o mistério das pirâmides. Por isso, Champollion teve que contar com uma pequena ajuda. Em 1779, os exércitos de Napoleão trouxeram do Egito a pedra da Roseta: um pedaço de basalto negro onde estava gravado um texto em grego, em hieróglifos e em demótico. Esta última forma era uma escrita egípcia mais simplificada, empregada nos papiros administrativos. Na versão grega, o texto era um decreto baixado por Ptolomeu V em 196 a.C. Os dois outros poderiam ser traduções. Por ordem de Napoleão Bonaparte a estela foi reproduzida e litografada e várias cópias enviadas a diversos especialistas em línguas mortas. Em 1807, Jean-François Champollion aceitou o desafio de decifrar. A partir dos nomes próprios do texto grego, ele comparou os outros dois textos até descobrir certas semelhanças. Foram necessários quatorze anos para o professor dispor de algumas chaves para entender o enigma: no total, foram vinte e três anos desde a data de sua descoberta até que Champollion pudesse decifrar integralmente o seu conteúdo. Enfim, a pedra da Roseta e as inscrições de outros monumentos egípcios revelaram grandes segredos.

A escrita é considerada como o maior tesouro deixado pelos egípcios, pois:

> Bastam olhos que saibam ler para ressuscitar todo o conhecimento.

Pirâmides de Gizé – símbolos da grandeza e dos mistérios do antigo Egito.

Monumento colossal da mitologia egípcia com corpo de leão e cabeça humana, esculpido em rocha. Possui 17 m de altura e 39 m de comprimento. Construído no reinado de Quéfren, por volta de 2.465 a.C.

Templo de Abu Simbel – construído por ordens de Ramsés II, em um rochedo de arenito às margens do rio Nilo, para celebrar a dominação da Núbia, a sua devoção aos deuses, principalmente a Amon-Rá, e também a sua própria deificação. Na entrada do templo, as quatro colossais estátuas de Ramsés II. Na segunda foto abaixo, o interior do templo.

Tratado de Paz de KADESH

Parte do tratado de paz entre os impérios egípcio e hitita, de 1258 a. C. São 18 artigos de elaboração complexa e incrivelmente moderna, sendo o primeiro tratado de extradição na história da humanidade, com cláusulas sobre o bom tratamento e a repatriação de refugiados, e até mesmo cláusulas de assistência mútua se um dos impérios for atacado por um terceiro. A importância desse tratado é tão grande que uma reprodução se encontra nas Nações Unidas.

Neste texto hieroglífico, que deve ser lido da esquerda para a direita, está escrito: *Palavras ditas por Osíris: grande rainha, perante Osíris. Nefertari, amada de Mut.*

A Pedra de Roseta, um dos tesouros da Antiguidade, vem se tornando alvo de disputa entre Inglaterra e Egito. A peça, datada de 196 a.C. e tida como a chave para a decifração dos hieróglifos, foi descoberta em 1799, por uma expedição militar organizada pelo imperador francês Napoleão Bonaparte. Mais tarde a pedra foi capturada pelos ingleses e encontra-se desde então exposta no Museu Britânico.

Pintura mural com cenas do cotidiano do povo. Mostra trabalhadores lavrando a terra com um arado puxado por bois, construindo canais e diques, fazendo a colheita, ensacando os grãos e levando-os ao celeiro real, tudo sob a orientação de um supervisor. Quem não trabalhava no campo ajudava na produção de pão, mel, cerveja, ou era pescador, oleiro ou tecelão.

Linha do Tempo – Egito

Anos	Períodos / Dinastias	Principais eventos
3100-2575 a.C.	Primeiras dinastias	• Surgem as primeiras escritas hieroglíficas • Unificação do país por Menés • Criação da cidade de Mênfis • Construção da primeira pirâmide (Sakkara)
2575-2150 a.C.	Antigo Império (4ª-8ª Dinastias)	• Principais faraós: Djeser, Kéops, Quéfren e Menkaure. • Faraó Djeser inaugura a arquitetura toda de pedra, feita pelo arquiteto Imhotep. • As pirâmides de Gizé e de Dahshur são construídas.
2125-1975 a.C.	1.º Período Intermediário (9ª-11ª Dinastias)	• O Egito é dividido em dois pequenos estados, governado por Mênfis no norte e Tebas no sul
1975-1640 a.C.	Médio Império (11ª-14ª Dinastias)	• Principais faraós: Amenemhat I, Sesostris III, Mentuhotep, Amenhotep I, Sen-usert I. • Capital e pirâmide de El-Lisht. • Conquista da Núbia. • Faraó Mentuhotep reunifica o Egito. • A arte e a literatura prosperam.
1630 – 1520 a.C.	2.º Período Intermediário (15ª-17ª Dinastias)	• Dominação dos Hiscos no norte do Egito. • Dinastia Tebana no sul.
1539-1075 a.C.	Novo Império (18ª-20ª Dinastias)	• Principais faraós: Amósis, Tutmés I, Hatchepsut (mulher faraó), Amenófis III, Akenaton (faraó monoteísta), Tutankamon, Horemeb, Seti I, Ramsés II, Merenptah, Seti II, Septah, Sethnakht e Ramsés III. • Revolta religiosa provocada por Akhenaton. • Capital muda para El-Amarna e volta para Tebas. • Construção das tumbas do Vale dos Reis. • O grande faraó Ramsés II reina por 67 anos.
1075-715 a.C.	3.º Período Intermediário (21ª-25ª Dinastias)	• Os líbios se estabelecem no Egito e criam a Dinastia Tanita, com ricos sepulcros reais em Tanis. • A Núbia invade o sul do Egito
715-332 a.C.	20ª-30ª Dinastias e Período Persa	• Breve conquista do Egito pelos assírios. • Conquista do Egito pelos persas (525 a.C.) • Rei persa Dario I constrói o primeiro canal de Suez.
332 – 30 a.C.	Período greco – ptolomaico	• Libertação do Egito por Alexandre, o Grande, e início da dinastia ptolomaica. • Reinado de Ptolomeu I até XII. • Suicídio de Cleópatra, último governante, e o Egito torna-se uma província romana.

A autora

REGINA GONÇALVES é graduada em Matemática e pós-graduada em Análise de Sistemas. Regina é apaixonada por Arte, Ciência e História Mundial, paixão que a levou a ser a autora da série de livros "Caio Zip, o Viajante do Tempo", repleta de aventuras, mistérios e desafios.